VIE

DE

M. LE CHANOINE CHAUVIER

IMPRIMATUR

Massiliæ, die 17ª Decembris 1887

✝ LUDOVICUS, Eps. Massilien.

VIE

DE

M. LE CHANOINE CHAUVIER

CHANOINE TITULAIRE

DE L'ÉGLISE CATHÉDRALE DE MARSEILLE

AUMONIER

DES RELIGIEUSES DES SS. NOMS DE JÉSUS ET DE MARIE

MARSEILLE

LIBRAIRIE CATHOLIQUE JOSEPH CHAUFFARD

RUE DES FEUILLANTS, 20

1888

A LA SUPÉRIEURE GÉNÉRALE

ET

Aux Religieuses de la Congrégation

DES SAINTS NOMS DE JÉSUS ET DE MARIE

A MARSEILLE

Ma Révérende Mère,

Mes très honorées Sœurs,

Un jour, à l'époque où l'une de vous aujourd'hui défunte travaillait à la vie de votre vénérée fondatrice, la sœur, chargée de recopier le travail de votre pieuse compagne après qu'il avait subi les corrections de M. Chauvier, ne put cacher à votre saint aumônier qu'elle prenait des notes sur sa vie, à lui. Sur quoi, le bon Père témoigna le désir de voir ces notes, et, comme la sœur exprimait la crainte qu'il ne fît de ces documents ce qu'il avait fait déjà pour un travail analogue, commencé par un ecclésiastique de ses fils spirituels, les déchirer et les brûler, il répondit, avec son aimable et simple candeur : « Non, je ne « ferai ni l'un ni l'autre, mais je les rectifierai. « Si ces écrits pouvaient procurer à Dieu un « seul acte d'amour de plus, je serais heureux « de pouvoir y contribuer ! »

N'est-ce pas dès lors entrer dans la plus intime pensée de Celui qui fut votre père et votre guide que de répondre aux vœux de sa nombreuse famille spirituelle ? Pour nous rassurer d'avoir ainsi violé le *secret royal*, nous n'avons qu'à regarder, comme il le faisait toujours si parfaitement, au-delà et au-dessus de lui. Je dis *nous*, car, si cette œuvre est signée d'un seul nom, elle est une œuvre collective et le biographe n'a eu qu'à utiliser les riches documents que vous lui avez remis. Il ne doit lui en revenir qu'une seule chose, le regret de n'avoir pas su mieux enchâsser et sertir vos trésors.

Cependant, si j'ai cru pouvoir laisser dans l'ombre quelques-unes de vos richesses, c'est que l'écrivain, en ce temps de froide critique et de ténèbres spirituelles, ne saurait, comme le lui recommande saint Paul, oublier que *l'homme animal ne comprend pas les choses de Dieu.* Il en reste cependant assez pour faire entendre dans quelle atmosphère surhumaine se mouvait votre Père.

En dédiant ces pages à l'Institut qui eut les plus chères sollicitudes de sa belle vie, l'auteur n'a fait qu'obéir à la parole des Saints Livres, car, disent-ils, « les fleuves retournent « à la mer d'où ils tirent leurs eaux. »

Vous combleriez ses vœux les plus ardents, si vous daigniez y reconnaître une preuve de son religieux respect et de son entier dévoûment.

A. R.

DÉCLARATION

Conformément au décret du Pape Urbain VIII, nous
déclarons que les grâces, révélations et faits miracu-
leux, rapportés dans ce livre, n'ont qu'une autorité
purement humaine, tout comme la qualification de
saint attribuée quelquefois aux personnes dont il y est
parlé. En cela, comme en tout le reste, nous soumet-
tons humblement notre dire au jugement de la Sainte
Église et du Siège Apostolique.

VIE

DE

M. LE CHANOINE CHAUVIER

I

NAISSANCE ~ ÉDUCATION ~ SEMINAIRES

SOMMAIRE. — Le bourg prédestiné. — Nourri au lait d'amandes. — Quel pensez-vous que sera cet enfant? – A la confrérie des Pénitents blancs. — Les plaisirs d'un enfant de bénédiction. — L'intervention du sacristain. — Joueur maladroit. — Héroïsme enfantin. — Le *fiat* le plus délicieux de ma vie. — La Providence intervient en sa faveur. — Au Petit Séminaire de Marseille. — Aquéou fayeou. — Le séminariste en vacances. — Il veut devenir Oblat de Marie.

« Quand on s'appuie au parapet de la terrasse qui
« est en avant de la Sainte-Baume, on a derrière
« soi la montagne elle-même qui court de l'occident
« à l'orient sur une ligne parallèle à la Méditerranée.
« En face s'étend une autre chaîne plus basse et
« d'un aspect moins âpre, qui semble venir de
« Marseille, et qui, près de la Sainte-Baume, se
« termine brusquement par une pente rapide : c'est
« le mont Aurélien. Au delà, et comme à l'arrière-

1*

« garde de l'horizon, se dresse la croupe sauvage et
« hardie de Sainte-Victoire, cette montagne fameuse
« au pied de laquelle Marius défit les Cimbres et les
« Teutons. Ce triple rempart ne laisse aucun passage
« à l'œil, si ce n'est vers l'orient. Là, s'ouvre une
« plaine vaste et profonde, terminée par les Alpes,
« mais qui, proche du spectateur, a pour péristyle
« une autre plaine étroite et circulaire formée par
« des collines qui descendent à la fois du Mont
« Aurélien, de la Sainte-Baume et de Sainte-Victoire.
« C'est la plaine de Saint-Maximin, placée, par un
« singulier contraste, entre les deux faits historiques
« les plus dissemblables qui soient au monde, entre
« le nom de Marie-Madeleine et le nom de Marius.
« Saint Maximin y avait bâti un oratoire par la même
« impulsion qui avait conduit Marie-Madeleine à la
« Sainte-Baume. Tous les deux, l'un dans la mon-
« tagne, l'autre dans la plaine, pouvaient apercevoir
« la retraite où Dieu les avait rapprochés sans les
« distraire.

« Lors donc que l'habitante d'en haut sentit venir
« l'heure de son rappel, elle fut, dit la tradition,
« portée par les Anges au bord de la voie Aurélienne,
« au point où cette voie coupait la route qui mène
« encore de la Sainte-Baume à Saint-Maximin. Un
« pilier célèbre, appelé le Saint-Pilon, rappelle au
« voyageur cette mémorable circonstance du passage
« de la Sainte. On l'y voit au sommet, soutenue par
« des Anges qui semblent la transférer d'un lieu à

« un autre. A quelques pas de là, s'élevait le modeste
« oratoire de Saint-Maximin, près du lieu qui est
« appelé *Tegulata* dans l'itinéraire d'Antonin. L'é—
« vêque y attendait l'amie de son Maître ; il l'y reçut,
« lui donna la communion du corps et du sang de
« Jésus-Christ, et, prise du sommeil de la mort, elle
« s'endormit en paix. Saint Maximin déposa son
« corps dans un tombeau d'albâtre et lui-même y
« prépara sa sépulture, en face du monument où il
« avait enseveli les reliques qui devaient appeler sur
« ce coin du monde ignoré une immortelle illustra-
« tion (1). »

C'est là, dans ce bourg, célèbre par une vénération
bientôt âgée de vingt siècles, là où Marie-Madeleine
avait terminé son pèlerinage, que l'enfant prédestiné
dont nous entreprenons d'écrire la sainte vie commença le sien.

I

Le 11 juin 1805, jour de la fête de l'apôtre saint
Barnabé, dont le nom signifie *enfant de consolation*,
Marie Borel, épouse de François Chauvier, mit au
monde un fils qu'on appela Jean-Baptiste.

(1) Lacordaire. Sainte Marie-Madeleine, chap. VI.

La famille était pauvre et l'humble travail du père, tisserand de son état, suffisait à grand'peine aux besoins de l'existence. Aussi la mère de Jean-Baptiste, ne pouvant le nourrir de son lait, se vit réduite, faute de ressources pour payer une nourrice, à l'allaiter d'un breuvage de lait d'amandes : c'était comme un présage de la remarquable douceur qui devait faire le fond du caractère de l'enfant et lui assurer tant de succès auprès des âmes.

Prévenu de la grâce, il fit bientôt éclater, avec une rare précocité dans l'usage de la raison, les vertus infuses que le Saint-Esprit déposa dans son âme au saint baptême, à tel point que la tradition du pays rapporte comment, à la vue du saint enfant que son père avait conduit avec lui à la réunion dominicale des Pénitents blancs, un des confrères s'écria, comme autrefois les visiteurs de Zacharie devant les prodiges accomplis à la naissance du précurseur dont le fils de François Chauvier portait le nom : *Quel pensez-vous que sera cet enfant*, qui montre de si bonne heure d'aussi bonnes dispositions ?

L'âme du petit Pénitent de Sainte-Madeleine semblait en effet se dilater, et bientôt, quand il sut lire, il psalmodiait l'office avec un recueillement et une dévotion admirables.

Son unique plaisir dès lors fut d'aller tous les matins à l'église, avant de se rendre à l'école. Trouvait-il la porte fermée ? Il attendait patiemment qu'on l'ouvrît ; alors il entrait et priait avec une ferveur au-dessus de son âge, près du tombeau où Maximin, l'apôtre de la Provence, avait enseveli la sainte amante de Jésus, dans l'albâtre où Madeleine deux fois avait renfermé le parfum dont elle oignit le Sauveur.

Que se passait-il dans l'âme du pieux enfant? c'est le secret des anges, mais tout son extérieur respirait une telle union avec Dieu que le sacristain, après l'avoir longtemps contemplé, se croyait obligé de venir l'engager doucement à s'en aller jouer avec ses petits camarades. A quoi l'angélique enfant répondait en suppliant qu'on le laissât achever sa prière, qui se prolongeait toujours au sein de visibles délices.

Ses camarades d'école essayèrent bien des fois de le mêler à leurs jeux ; il s'y prêtait avec une douce complaisance, mais il s'y comportait avec un tel embarras et une si parfaite maladresse, qu'on le renvoyait bien vite à son recueillement habituel et à sa chère pratique du silence.

On le vit bientôt le jour où, ayant servi de parrain à la cérémonie du baptême de sa sœur, au lieu de prendre part au petit régal qui suivit, il s'esquiva habilement pour retourner à l'église, reprendre cette oraison silencieuse, qui fut toujours son attrait principal.

Il la pratiquait d'ailleurs à un degré héroïque, comme le témoignent deux faits qui remontent à sa plus tendre enfance.

Il était à peine âgé de sept ou huit ans quand il fut accusé d'une faute assez grave contre la discipline de l'école, par un de ses petits camarades. Le maître, sans prendre la peine de vérifier l'accusation, l'en châtia rudement à coups de férule. Le doux enfant, sans se plaindre, le sourire aux lèvres et le cœur uni à Jésus souffrant, endura patiemment l'injuste punition, dont l'injustice ne fut reconnue que plus tard, sans qu'il se fût accordé le moindre murmure, ni à l'école, ni à la maison.

L'autre fois, ce fut auprès de sa propre mère qu'il fut accusé d'avoir volé des pommes à l'étalage d'une boutique. Outrée de douleur, la mère, sans demander d'explication, enferme le pauvre innocent toute une journée, sans autre nourriture que du pain et de l'eau. Quand la vérité fut connue, la mère de Jean-Baptiste, ravie de la générosité de son enfant, se prit à pleurer et s'écria : *Moun fiéou ès un san. Un jour séra un trésor* (1).

II

La paroisse de Saint-Maximin, au sortir de la tourmente révolutionnaire, avait eu le bonheur d'être gouvernée par un pasteur selon le cœur de Dieu·

______

(1) Mon fils est un saint, un jour, ce sera un trésor.

M. l'abbé Dodoun suivait avec une paternelle tendresse les progrès de son petit paroissien. Et, un jour, apprenant que, suivant la coutume d'alors, le maître d'école avait fait appeler les parents de Jean-Baptiste, pour leur annoncer avec une modestie patriarcale qu'il n'avait plus rien à lui enseigner, le saint prêtre manda l'enfant qui venait de faire sa première communion (1) avec la ferveur d'un séraphin et lui proposa de commencer les études de latin pour devenir prêtre.

— Ce fut, a raconté plus tard M. Chauvier, le *fiat* le plus délicieux que j'aie jamais prononcé de ma vie.

Sous la conduite du curé, l'élève fit de rapides progrès dans le noviciat à la cléricature. Son goût marqué pour le chant et les cérémonies de l'Eglise, non moins que son application à l'étude et son recueillement toujours croissant le firent juger digne de revêtir l'habit ecclésiastique. Il avait à peine atteint sa quatorzième année.

A peine l'avait-il revêtu que Dieu rappela à lui son cher curé, et le successeur de M. l'abbé Dodoun, tout en assurant au jeune homme qu'il serait prêtre un jour, ne crut pas pouvoir lui continuer les soins que lui avait donnés son prédécesseur.

---

(1) Ce jour-là, il se trouva seul premier communiant. Le bon curé prêcha la retraite préparatoire, comme s'il eût eu une troupe d'enfants à disposer au banquet eucharistique. Un jour cependant, emporté par une sorte d'intuition prophétique, en se ressouvenant de la parole du Prieur de la Confrérie des Pénitents blancs, il prit pour texte d'un de ses sermons : « *Quel pensez-vous que sera cet enfant ?*

Or, la famille de M. Chauvier était pauvre, impuissante dès lors à pourvoir aux frais d'une éducation hors de Saint-Maximin. Quelques jours se passèrent dans une cruelle angoisse. Seul, le jeune homme ne désespéra point. En effet, tandis que les siens se lamentaient, arrive de Marseille une lettre écrite sous la dictée de la Providence.

Une cousine de Mme Chauvier mère, lui mandait qu'ayant appris l'interruption des études de son petit cousin, elle offrait de se charger de le faire élever au Petit-Séminaire. Jean-Baptiste aussitôt part pour Marseille, fait neuf lieues à pied pour s'y rendre et, grâce à la générosité de cette cousine qu'il appela dès lors *sa chère tante*, il entra sous la direction des Prêtres du Bon Pasteur qui dirigeaient en ce temps le Petit-Séminaire de Marseille.

Le supérieur, M. l'abbé Ripert, de sainte et illustre mémoire, le reçut à bras ouverts, et, au bout d'un temps d'épreuves, ravi des merveilleuses dispositions de son nouvel élève, il lui accorda la faveur d'une bourse entière.

III

Le jeune protégé du vénéré Supérieur se montra constamment digne de cette protection. Jamais on n'eut à lui adresser le moindre reproche, et ses condisciples comme ses maîtres ont témoigné comment il fut constamment le modèle de la fervente communauté. Jamais non plus, ses succès dans les classes ne lui causèrent la moindre vanité : ses rivaux demeurèrent ses amis; ils avaient d'ailleurs en leur pieux condisciple une confiance absolue, le consultant comme un directeur, se modelant sur lui et préférant ses avis à tous les autres, tant son jugement était déjà droit et formé.

Le petit séminariste s'exerçait aussi à la charité, dont la pratique devait lui être plus tard si chère. Sa tante lui avait alloué une petite pension pour subvenir à ses menues dépenses d'écolier. Mais à peine avait-il touché ces petites sommes qu'il les distribuait sur son chemin aux pauvres qu'il rencontrait, sans réserver un liard pour ses propres besoins. Un jour la tante voulut connaître l'emploi de cet argent et Jean-Baptiste, confus, se vit obligé de le lui avouer. Elle trouva la générosité excessive et s'en plaignit parmi ses connaissances : *A quéou gran fayeou va douno tout* (1).

IV

La ferveur de son noviciat ecclésiastique s'accrut encore au Grand Séminaire, que dirigeaient depuis quelques années les Missionnaires Oblats de Marie-Immaculée. Là, il eut le bonheur de vivre sous la direction du R. Père Albini, mort plus tard à Vico (Corse), en odeur de sainteté. Il n'en parlait jamais sans attendrissement.

La gravité et la piété du fervent séminariste éclataient malgré tous les efforts de son humble modestie.

Parfois, raconte un de ses condisciples qui vit encore et qui lui a confié jusqu'au bout la direction de sa conscience, je l'entendais gémir durant la nuit, tandis qu'il me croyait endormi. Nous étions conchambristes. A travers ses soupirs, je distinguais ces aspirations brûlantes: « Mon Dieu, répétait-il, préservez-moi du péché véniel ! »

On allait souvent en promenade dans une maison de la Providence, où s'élevaient de pauvres orphelines. Les religieuses et les enfants, qui ignoraient

(1) Ce grand nigaud donne tout.

son nom, l'avaient surnommé *le saint*, pour le distinguer des autres séminaristes.

La même dénomination le suivit à Saint-Maximin où il allait passer ses vacances. Dès qu'on le savait arrivé, la maison paternelle s'emplissait de visiteurs, accourus pour s'édifier de ses entretiens, lui demander conseil et lui soumettre leurs difficultés spirituelles. On le suivait à l'église où les personnes pieuses se dissimulaient derrière les piliers de la majestueuse basilique, pour s'édifier à la vue de cette oraison abîmée dans une douce contemplation des amabilités de Jésus-Hostie.

On a trouvé quelques-uns des cahiers, confidents de ses impressions de retraite au Séminaire. Il y aurait profit à les publier, pour les proposer à la méditation des séminaristes.

Déjà immolé et crucifié en union avec son divin modèle, il songea à la vie religieuse, et fut sur le point un moment d'entrer dans la congrégation alors naissante des Oblats de Marie. Nous le verrons revenir plus tard sur ce dessein, que traversèrent à ce moment les instances de sa famille, approuvée par son saint directeur.

II

ORDINATION - PREMIERS POSTES

I

L'abbé Chauvier avait vingt-six ans lorsqu'il reçut l'imposition des mains de Monseigneur Charles-Fortuné de Mazenod. C'était le 28 mai 1831, et cette date, nous aurons plus d'une fois l'occasion de la rappeler dans la suite de ce récit, lui demeurera toujours chère.

Chaque année, il célébra le précieux anniversaire du jour où, montant pour la première fois au saint autel, il reçut de Notre-Seigneur une grâce particulière que nous aurons également l'occasion de rapporter en son lieu.

Lorsque le quantième bien-aimé approchait, on le voyait redoubler de recueillement et se disposer à ressusciter en lui la grâce de l'ordination.

« C'est aujourd'hui pour moi, écrivait-il à pareille date, un jour de grande reconnaissance, puisqu'il me rappelle celui où je reçus la plus insigne faveur qui puisse être accordée à un mortel. Il y a aujourd'hui vingt ans que, pour la première fois, je montais au saint autel... Depuis, qui pourrait énumérer toutes les grâces que Jésus n'a cessé d'accorder à mon âme ? Que ne puis-je dire avec le grand Apôtre qu'elles n'ont jamais été vaines ! Aidez-moi à remercier notre aimable Sauveur ; demandez-lui que tous les jours que nous passerons sur la terre soient des jours pleins, et que nous nous acquittions toujours de la mission plus qu'angélique qui nous a été confiée. »

Pendant la retraite qui précéda son ordination, le R. Père Tempier, supérieur du Séminaire, faisant allusion aux troubles du moment et aux incertitudes de l'avenir, au lendemain de la révolution de juillet, avait dit aux ordinands :

— Messieurs, en recevant les ordres, vous vous exposez à la mort !

L'âme du pieux lévite tressaillit. En entendant ce que son supérieur croyait être une menace, elle tressaillit de joie à la pensée du martyre.

Le martyre fut toujours son attrait. Un jour qu'il s'entretenait avec quelques personnes de la mort des Prêtres du Bon-Pasteur, immolés pendant la Terreur à Marseille, son visage s'anima, et, dans l'effusion de son âme, il laissa échapper une expression brûlante de sainte jalousie à l'endroit de ces généreux confesseurs de la foi, ajoutant, avec l'admirable simplicité qui caractérisait son langage :

— Oh! moi aussi, s'écria-t-il, j'aurais fait comme le Père Donadieu! (1) Je préfèrerais monter sur l'échafaud que de commettre le plus léger péché véniel!

Et, comme on se taisait autour de lui, avec une expression d'admiration attendrie.

— Mais, reprit-il humblement, cela vous étonne! N'est-ce donc pas ainsi que nous devons tous penser?

II

Ces brûlantes dispositions d'une âme sacerdotale s'enflammaient et s'attisaient à l'autel. Là, il était si parfaitement uni à Dieu, que, de son propre aveu, il n'avait jamais de distractions en offrant l'adorable sacrifice.

Il venait de célébrer dans la chapelle d'une maison religieuse, quand une de ses filles spirituelles, l'ayant fait demander au parloir, lui trouva l'air tout recueilli, mais un peu abattu.

(1) Qui préféra mourir plutôt que de proférer, ou plutôt que de laisser supposer à ses juges le plus léger mensonge.

— Eh bien ! fit-il naïvement en abordant la sœur, c'est fini !

— Qu'est-ce donc qui est fini ? répond celle-ci, un peu surprise de cet abord.

— La Sainte Messe !...

— Pourtant, mon Père, vous n'êtes pas long à la dire.

— Ah ! c'est qu'on ne dit pas la Sainte Messe pour soi, sans cela, on y demeurerait jusqu'au soir !

Rien ne lui semblait une excuse suffisante pour s'en abstenir.

Pendant une de ses longues et graves maladies, il se levait du lit en secret pour aller célébrer au point du jour, suppliant qu'on lui gardât le secret vis-à-vis du médecin.

— Que voulez-vous, disait-il aux personnes qu'alarmait cette pieuse imprudence, je suis plus malade de la privation qu'on veut m'imposer que de tout le mal que je pourrais prendre en me levant.

Dans les commencements, sa dévotion à l'autel se traduisait par des consolations sensibles et des touches visibles de la grâce sacramentelle. Il demanda et obtint d'être dépouillé de dons éclatants. Voici le naïf récit qu'il en fait lui-même.

« Je n'ai jamais de grandes consolations... J'ai dit au bon Dieu que je n'en voulais pas, et voici pourquoi. Je me sentis, il y a quelque temps, si investi de la présence de Dieu pendant le saint sacrifice, que je ne pouvais plus donner la sainte communion. Il fallut qu'un ecclésiastique vînt la donner pour moi et qu'il m'aidât à achever la messe. Cela me fit une grande peine. Alors je dis au bon Dieu : Mon Dieu, à quoi bon tenir cette conduite envers moi? Est-ce pour me faire connaître que vous m'aimez?.. J'en suis persuadé. Est-ce pour me dire que vous êtes tout bon? Eh! Seigneur, je le sais depuis longtemps Je n'ai pas besoin de tous ces témoignages sensibles pour vous aimer... Aussi, mon bon Jésus, ne me donnez plus rien de sensible, ni d'extérieur. Autrement, on finirait par croire que je suis un saint. Non, mon Dieu, ne le faites plus. Tenez-moi bien caché! Et depuis, ça été fini, je n'ai plus rien eu de sensible. »

Le bruit s'était répandu à Marseille que l'abbé Chauvier voyait Notre-Seigneur à découvert, durant la célébration de sa messe. Un prêtre l'avait affirmé à une de ses pénitentes, qui allait entrer en religion sous la conduite du saint prêtre. Celle-ci demanda bonnement à son nouveau directeur, s'il était vrai qu'il eût jamais vu Jésus?

— Non, jamais, répondit-il en souriant. Je n'ai pas besoin de le voir: Dieu ne fait jamais rien d'inutile. Ce serait inutile qu'il se montrât à moi. Eh bien ! voyez, s'il me demandait si je le veux, je lui répondrais : Mon Jésus, si cela vous contente, si vous avez quelque dessein pour votre gloire en cela, j'y consens: montrez-vous ! Mais, si c'est seulement pour me contenter, attendez le grand jour de la gloire

Ici, point n'est besoin. Oh ! non, il ne faut pas de l'extraordinaire !

Malgré ces affirmations, le bruit public ne voulut jamais en disconvenir, et, disaient les habitués de sa messe, nous l'avons bien des fois surpris dans un état extatique, tandis qu'il célébrait ou qu'il adorait le Saint-Sacrement.

« Combien de fois, écrit l'une de ses dirigées, lorsque j'allais le trouver aux heures fixées pour ma direction, ai-je été obligée de heurter jusqu'à cinq et six fois de suite à sa porte, sans pouvoir le tirer de sa pieuse adoration. Il m'est arrivé bien des fois d'entrer chez lui, après avoir frappé plusieurs fois sans recevoir de réponse (sur l'ordre formel que j'avais reçu d'agir ainsi) et de le trouver immobile dans son fauteuil, les yeux fixés du côté du saint Tabernacle, plongé dans une sainte méditation et ne s'apercevant de ma présence qu'au bruit accentué que j'étais obligée de faire pour l'en tirer. »

« Je n'oublierai jamais, raconte la même personne, avec quelle joie d'enfant ce bon Père me montra le petit autel élevé dans son salon en 1875(1) lors de la

----

(1) Cédant aux instances d'un des fils spirituels de M. Chauvier, qui savait combien pénible était au cœur de son vénérable père la privation de célébrer et combien dangereuse était la pieuse obstination du saint prêtre à braver le froid et l'humidité de la chapelle publique pour se procurer ce bonheur, Mgr Place autorisa, pour quelques jours, l'érection de cet autel. Plus tard, Sa Grandeur ordonna de construire, à la tribune, un petit édicule où le pieux malade pouvait se rendre sans trop de difficultés et s'enfermer à l'abri des influences atmosphériques pour offrir le divin sacrifice.

maladie qui faillit l'enlever à notre respectueuse tendresse. — N'est-ce pas qu'il est beau, mon autel ! me disait-il. Voyez, il est tout blanc. Jésus est descendu là, ce matin, venez, venez voir où il a reposé. »

Et, tout faible qu'il était, il me fit gravir le degré avec lui et baiser la place où Jésus était demeuré un instant le matin.

Avec quelle dévotion il recevait le pain de vie ! Quoique très souffrant et épuisé de fatigue, il refusait de boire après la sainte messe, de peur de hâter l'altération des saintes espèces. Dans cette même préoccupation délicate, il commandait à la sœur sacristine de choisir pour lui les hosties les plus épaisses. Il ne se rassasiait pas de parler de la communion qu'il appelait « *le Festin* » et une fois, entendant dire qu'on était menacé de la disette, il lui semblait qu'il ne s'en mettrait guère en peine, pourvu qu'il restât assez de farine pour confectionner le pain eucharistique, s'assurant de ne pouvoir mourir de faim, pourvu qu'il pût célébrer le saint sacrifice. Il sentait n'avoir plus besoin de manger quand il avait communié, et il croyait qu'il en serait de même de toutes les âmes de foi, qu'il n'y aurait rien, en cas de disette, qu'à les faire communier tous les jours.

Puisque nous avons commencé ces souvenirs, daigne le lecteur permettre que nous relations cet autre trait dont l'angélique simplicité du saint prêtre fera excuser l'abandon.

— Mon père, lui demanda un jour une de ces âmes à qui il s'ouvrait volontiers, est-il bien vrai que vous n'êtes jamais distrait à l'autel ?

— Non, répondit-il tout naïvement, je n'ai jamais de distractions à l'autel, et, quand j'en ai, ce qui est rare, ce n'est assurément pas à l'autel ! Ah ! si je disais ma messe tout seul, je n'en aurais pas sitôt fini (1).

— Pourquoi donc, mon Père ?

— Parce que je dirais à Jésus : Ne vous gênez pas ! et je ne me gênerais pas non plus. Autrement, je suis obligé de lui dire : Faites attention, gênez-vous, sans quoi je ne pourrai aller au bout !

Mais cette tendre familiarité avec son Dieu n'exclut jamais le respect. Il fallait le voir, sortir du chœur, portant le saint ciboire et l'hostie élevée au-dessus de sa tête, tandis que celle-ci s'abîmait dans une adoration profonde !...

— Ah ! s'écriait-il, les mains du prêtre qui touchent Jésus, qui le gardent, qui le donnent, qu'elles sont belles ! qu'elles doivent être pures !... Quelle confusion quand je suis à l'autel ! Faire descendre le Roi du ciel, Jésus, par une simple parole, et le tenir dans ses mains, ah ! quelle confusion !

____

(1) Dans sa vieillesse, il était devenu si oppressé que sa messe devenait plus longue.

Il s'en excusait à un de ses confrères : « Que voulez-vous ? Il faut me pardonner, je suis si vieux ! » Cependant, à la fin, craignant d'être à charge à quelque âme, par cette longueur, il céda à son auxiliaire, la consolation de célébrer la messe de communauté.

— Il y a bientôt 47 ans, disait-il en mars 1878, que je suis prêtre, 47 ans que j'immole chaque jour la sainte Victime! Je devrais être au-dessus des Chérubins, des Séraphins, et, hélas! que je suis loin d'eux! Ah! c'est à l'autel que j'ai honte !

Et il entrecoupait ces paroles de soupirs et de sanglots. L'année suivante, il disait encore :

— Depuis 48 ans que je suis prêtre, Jésus ne m'a pas désobéi une seule fois ; aussi j'ai honte souvent de voir comment un Dieu obéit à la parole d'un néant tel que moi !

Il ajoutait, avec un indicible accent de respect et de tendre dévotion :

— Je n'ai pas laissé une seule messe par ma faute, depuis que je suis prêtre. Et quand j'en disais deux ! Ah! c'était l'abondance alors : ce temps est passé maintenant !

C'est qu'à l'autel ce saint prêtre se voyait accomplissant le ministère de la prière, auquel ses cahiers de résolutions et ses impressions de retraite reviennent si souvent. Cette même vue l'accompagnait dans la récitation de l'office divin.

III

Le bréviaire resta pour lui, jusqu'à la fin, un compagnon bien-aimé, dont la fréquentation console et fortifie. Même quand sa récitation lui fut devenue d'une difficulté extrême, au milieu des oppressions et des étouffements qui l'accablaient, il ne voulut jamais s'en dispenser. Les médecins le lui conseillaient, les prêtres ses visiteurs l'en suppliaient. Il baissait la tête sans répondre, mais, aussitôt les visiteurs partis, il retournait au livre de la prière sacerdotale, récitant lentement, au prix de mille fatigues, un psaume, et, reprenant haleine, il poursuivait jusqu'au complet achèvement.

Mais nous aurons à revenir sur toutes ces choses N'anticipons point et reprenons notre récit.

IV

Une fois ordonné prêtre, le pieux abbé attendit, dans le calme d'une indifférence absolue, que l'on assignât à son zèle un poste dans le champ du Seigneur.

A cette époque, le respectable abbé Féraud, qui, depuis 1828 jusqu'à sa mort, exerça avec tant d'abnégation et de fruits le pénible ministère d'aumônier à l'Hospice de la Charité, eut besoin d'un auxiliaire. Nul ne pouvait mieux l'aider et entrer dans ses vues que le nouvel ordinand. Il lui fut adjoint pendant deux ans: deux ans de noviciat du saint ministère, dont M. Chauvier ne parlait jamais sans attendrissement.

« Toute sa vie, raconte une de ses biographies manuscrites, notre bon Père eut une affection marquée pour les pauvres. Aussi se trouva-t-il très heureux d'être placé, quelque temps après son ordination, à la Charité. Après 40 ans d'intervalle, il rappelait avec bonheur ce temps de sa vie sacerdotale.

« J'étais bien alors, me disait-il, le père des pauvres. Je confessais les petits garçons: ils n'étaient pas très propres; de petites bêtes couraient sur leur cou, je tuais ces petites bêtes et je n'en aimais pas moins ces chers enfants, tout sales qu'ils fussent!... Et les bonnes vieilles!... Lorsqu'elles venaient se confesser, elles me regardaient bien, puis, je les entendais se dire entre elles: *Es fouesso jouiné, maï es tant bravé, tant bouen!* (1) Quelquefois même, elles me le disaient: *Sias ben jouiné, maï sias tant bravé que vous aïman fouesso!* (2) »

____

(1) Il est très jeune, mais il est si bon !

(2) Vous êtes bien jeune, mais vous êtes si bon, que nous vous aimons beaucoup !

V

A deux ans de là, les supérieurs le jugèrent assez mûr pour assumer la charge pastorale. Il lui confièrent l'importante paroisse du Plan-de-Cuques. Il gagna là bien vite tous les cœurs. Seul, il se sentait malheureux, au milieu de cette population et courait souvent, à Allauch, se consoler auprès du respectable curé du Canton, qui s'efforçait en vain de rassurer les angoisses pastorales de son jeune confrère.

— Sur 900 âmes qui me sont confiées, 400 à peine font leurs Pâques. Comment veut-on que je m'en console ? Si un père de famille a neuf enfants, sera-t-il tranquille, parce que quatre se portent bien, tandis qu'il y en a cinq de malades ?

On eut pitié de sa torture morale et on lui confia la paroisse de Saint-Barthélemy. Mais, là encore, quoique la population fût moindre, son ardent amour pour Dieu et son extrême sensibilité ne pouvaient supporter la pensée qu'une portion de ses ouailles vivait dans l'oubli de Dieu et des devoirs de religion qu'il impose. Cette pensée finit même par lui devenir si amère qu'il fit, à diverses reprises, de vives instances auprès d'un de MM. les Vicaires-Généraux, pour être déchargé de la charge pastorale.

— Faites de moi tout ce que vous voudrez, lui disait-il avec larmes, pourvu que je ne sois plus curé !

— Si je fusse demeuré curé, avouait-il dans la suite, je serais mort !

Dieu le voulait sur un autre théâtre où nous allons le suivre.

III

AUMONIER DES RELIGIEUSES DES SS. NOMS DE JÉSUS ET DE MARIE

I

Le moment n'est point encore venu de raconter les origines et la merveilleuse histoire d'un Institut qui, protégé à sa naissance par les deux M^{grs} de Mazenod et leur saint Grand-Vicaire, M. Tempier, demeure, au sein de l'Eglise de Marseille, comme une de ses gloires contemporaines, édifiant nos paroisses et celles des diocèses circonvoisins par le zèle, le dévoûment, la simplicité et la ferveur de ses membres, voués à l'éducation de la jeunesse à une époque où les congrégations religieuses enseignantes n'avaient point encore couvert le sol de la Provence de leurs essaims nourriciers.

La fondatrice de cet Institut, placé sous le vocable des Saints Noms de Jésus. et de Marie, Marie-Catherine Ruel, en religion Mère Saint-Augustin de Jésus, a parcouru une de ces existences marquées au sceau d'une vie toute surnaturelle. On a écrit cette histoire, mais des convenances, que le temps seul fera cesser, ont empêché jusqu'ici de la faire sortir de l'intimité de la famille religieuse, qui en garde les copies manuscrites.

C'est à cette vie, d'ailleurs admirable en toutes ses pages, que nous emprunterons souvent nos propres récits, respectant jusqu'à la naïve simplicité de certains détails, minutieux peut-être pour qui les regarde au point de vue purement littéraire, mais touchants cependant dans leur petitesse aux yeux éclairés par la foi.

Au moment où nous en sommes arrivé de la vie de M. Chauvier, la communauté naissante était pauvre. Successivement abritée dans d'indigents locaux à Marignane, à Sainte-Marguerite, à la rue Sainte-Françoise, à la Montée des Accoules, grâces aux soins généreux de son supérieur diocésain, le R. Père Tempier, elle avait pris son asile à la rue Paradis, dans le voisinage de la nouvelle église paroissiale de Saint-Joseph. Laissons parler maintenont l'historien de la Mère Saint-Augustin.

« Dans l'extrême pauvreté où se trouvait la maison, on n'avait pu encore avoir un prêtre aumônier. Mais M. l'abbé Calmès et M l'abbé Féraud avaient bien voulu tour à tour se partager les confessions. Ensuite M. l'abbé Ruel, devenu vicaire à Saint-Joseph, avait été chargé de desservir en même temps la chapelle du couvent et d'y entendre les confessions. Mais la communauté, prenant de jour en jour une nouvelle extension, il fallait nécessairement un aumônier, qui ne fût pas en même temps vicaire de la paroisse. Le R. Père Tempier en voyait l'urgence, mais quel prêtre voudrait accepter beaucoup de travail sans traitement ? C'était la question difficile. Il fallait là un homme de Dieu, qui se dévouât entièrement. M. l'abbé Martin eût été en ce moment d'un grand secours, mais il n'était plus temps d'y songer ; l'évêque de Viviers, heureux de le fixer dans son diocèse, l'avait élevé à un poste honorable qu'il ne pouvait maintenant quitter, et il fallut renoncer pour toujours au grand avantage d'avoir en sa personne un Père dévoué et capable de conduire les âmes à la perfection religieuse.

« Mais, si Dieu ne peut résister à la prière, il résiste encore moins à l'abandon filial d'un cœur dévoué. La Mère Saint-Augustin laissait tout aux soins de la bonne Providence et redisait au Seigneur : « Nous sommes à vous, ô mon Dieu, faites ce qu'il « vous plaira. Vous êtes bien le maître de nous faire « croître ou de nous disperser. Nous ne voudrons « jamais qu'une chose, qui est l'entier accomplis- « sement de votre volonté sainte ! » Mais, si l'on avait senti la nécessité d'avoir un bon prêtre et si le Ciel disposait les cœurs à prier à cette fin, c'est que déjà cette grâce était préparée dans le cœur du bon père de famille qui veille sur tous ses enfants. La chère sœur Sainte-Rose fut la première à pressentir le don que Dieu voulait faire à la communauté. Durant une des récréations où la Mère Saint-Augustin ne se rendait plus, à cause de ses excessives souffrances, elle occupa agréablement les sœurs par le récit d'un songe qu'elle avait eu.

« Il lui avait semblé d'abord voir au milieu du jardin un jet d'eau magnifique qui en rafraîchissait toutes les plantes. Chaque petite fleur avait sa gouttelette, et tout, jusqu'au moindre brin d'herbe, y reverdissait et y prenait une vigueur nouvelle. En second lieu, elle avait cru voir, auprès de la porte, un aigle qui paraissait prêt à s'envoler. Ces détails parurent un peu mystérieux, surtout lorsqu'on eut remarqué que cet aigle prêt à partir semblait faire allusion au départ de M. l'abbé Ruel, qui avait saint Jean l'Evangéliste pour patron et qui venait d'être nommé Recteur d'une paroisse de la banlieue.

« Sans ajouter une grande importance au songe, on se demanda naturellement si sœur Sainte-Rose n'aurait pas eu quelque véritable pressentiment que Dieu ne donnât bientôt à la communauté quelque saint homme de Dieu, dont le ministère sacré aurait, sur les plantes spirituelles, l'effet des ondes pures qui arrosent un beau parterre. Mais, en somme, il en fut de cela comme de toute bonne récréation, le songe passa après avoir amusé.

« Bientôt après, le R. P. Tempier, étant venu visiter la Mère Saint-Augustin dont les souffrances lui donnaient de vives inquiétudes, lui dit entre autres choses:—Ma fille, j'ai trouvé pour votre famille un petit prêtre qui en sera le trésor; car l'esprit de Dieu repose en lui! Lorsque je lui ai proposé cette modeste aumônerie, qu'il a tout d'abord acceptée très volontiers, je lui ai dit : — Mais savez-vous que ces religieuses n'ont point d'argent, et qu'elles sont obligées de faire des quêtes pour subsister? Il m'a répondu: — Mon père, vous ne m'avez pas fait prêtre pour gagner de l'argent! Pourvu que je trouve un logement et du pain, si je puis faire le bien dans les âmes, cela me suffit! Dans le jugement de la pieuse Mère, cette réponse avait déjà fait tout l'éloge du futur aumônier. La Mère Saint-Augustin remercia Dieu pour un aussi précieux don et son cœur en conçut une vraie consolation, lors même que cette décision eût occasionné le départ de M. l'abbé Ruel, son propre frère, et de Mᵐᵉ Ruel, sa mère, qui s'était fixée à Marseille auprès de son fils. Ainsi les âmes généreuses savent-elles sacrifier toujours leurs intérêts particuliers aux intérêts communs.

« Le 7 décembre 1834, M l'abbé Chauvier se présentait au parloir, et bientôt après il inaugurait au confessionnal une longue vie de dévoûment sacerdotal. Désormais la communauté ne devait plus manquer de pain spirituel ! Il lui en fut abondamment distribué dans les instructions du dimanche et surtout dans des catéchismes profonds... »

II

La nouvelle mission qui venait d'être confiée à M. Chauvier accomplissait une prédiction de son maître d'école, à Saint-Maximin:

— Toi, lui avait-il dit, tu seras un jour aumônier de religieuses.

Cet homme n'était pourtant pas un saint, mais sans doute la sagesse précoce de cet enfant de bénédiction, sa gravité et sa prudence prématurée lui avaient fait faire cette conjecture que le ciel réalisa.

Ce que nous allons dire maintenant a besoin d'être lu avec le sentiment d'une foi soumise et candide, telle que l'ont les saints. C'est indiquer suffisamment que nous ne prétendons nullement en imposer la croyance à qui voudrait s'en tenir aux preuves et aux exigences rigoureuses d'une critique rationnelle, telle d'ailleurs que l'Eglise l'exige en pareil cas des hagiographes. Aussi, pour nous conformer aux sages règles imposées par cette Mère prudente, qui se méfie toujours des illusions si faciles en pareille matière, devons-nous déclarer que nous n'entendons accorder aux récits qui vont suivre, et à quelques autres similaires dans le cours de cette histoire, qu'une autorité purement individuelle, la responsabilité demeurant tout entière aux témoins, du reste dignes de foi, qui nous les ont fournis.

Voici donc ce que nous trouvons dans une des biographies manuscrites du saint prêtre à l'endroit où nous en sommes de notre récit :

« Cette époque de la vie de notre père fut éminemment contemplative. Dieu le combla de grâces sans nombre qu'il a ensevelies dans un profond silence, laissant seulement percer quelques petits traits qui donnent à entendre bien des secrets. Dieu ne fit connaître M. Chauvier que peu à peu. Il demeura quelques années comme enseveli dans l'humble ministère qui lui avait été confié, tout occupé qu'il était à la direction spirituelle d'un établissement naissant et presque inconnu encore, ce qui rendait sa vie toute cachée en Dieu. Mais le Seigneur, qui se plaît à exalter les humbles, se communiquait à lui, dans ce temps-là, d'une manière très sensible, et le favorisa d'un grand nombre de ravissements, et voici comment l'aveu lui en échappa :

« Venant un jour confesser une de ses chères filles religieuses dans un monastère de Marseille, qui se trouvait en retraite, il se mit, contre son ordinaire, à parler de lui à cette sœur, et poursuivit presque tout d'une haleine, sans s'arrêter, avec un air et un ton de voix qui ne semblaient plus tenir de la terre. La religieuse, ravie d'admiration, ne disait rien, mais se promettait intérieurement de tout confier au papier, lorsque, le digne prêtre, s'arrêtant et revenant comme d'un profond sommeil, parut tout peiné et lui dit : « Mais pourquoi donc viens-je de vous confier tout cela ? Au moins promettez-moi bien que ce ne sera que pour vous. » La religieuse, un peu déconcertée, le lui promit. Mais, se méfiant peut-être et avec raison de cette assurance, ce vénérable prêtre obtint sans doute que ce qu'il avait voulu tenir caché le fût en effet, car à peine était-il sorti du parloir que sa chère fille oublia ce qu'elle avait appris de lui ; sauf le trait suivant qu'elle a déposé en ces termes :

« Ce digne père me dit, qu'il lui arrivait alors
« fréquemment d'être tiré hors de lui-même par
« l'impression de la grâce, et que les sœurs de la
« communauté qu'il desservait attribuaient ces états
« surnaturels à des défaillances de la nature, ce
« qu'il laissait soigneusement croire, comme s'il eût
« eu des maux de cœur. Une fois surtout, venant de
« donner la bénédiction du Saint-Sacrement et
« tenant encore l'ostensoir, il fut tout à coup saisi
« par l'impétuosité d'une grâce si puissante qu'il en
« demeura comme entièrement pâmé. On l'emporta
« à la sacristie, et sans doute on le crut mort ou
« mourant, puisqu'on porta en toute hâte la nouvelle
« de son état à la Supérieure de la maison. Celle-ci,
« plus intelligente, qui avait déjà compris ses voies,

« les dévoila en cette circonstance, car elle répondit
« à ceux qui demandaient quelque cordial pour le
« faire revenir à lui : — Qu'on lui donne son Crucifix
« et tout sera fini ! »

« Son âme était inondée d'une admirable suavité,
quand elle revenait de ces communications divines,
et la contemplation devait lui être une bien douce
nourriture, puisqu'il ajouta, comme riant, dans sa
confidence à cette sœur : « Autrefois, j'aurais désiré
« d'avoir quelque maladie pénible, qui m'ôtât toute
« liberté d'agir au dehors, parce qu'il me semblait
« que j'aurais pu par là demeurer plus uni à Dieu
« par une oraison continuelle ; mais je ne savais ce
« que je disais... J'étais encore fort ignorant. A
« présent, je ne désire plus rien. »

« Le Seigneur préludait ainsi, par l'abondance de
ses grâces, aux terribles combats que son fidèle
ministre allait avoir à soutenir contre tout l'enfer
déchaîné. Il fut donc, à cette époque, inondé de grâces
et de lumières, pour qu'elles lui servissent de préparation à la mission terrible qui allait lui être
confiée. »

Avant d'aborder ce difficile et effrayant sujet,
suivons encore le nouvel aumônier dans l'humble
exercice de sa charge.

III

Dévoué jusqu'à l'héroïsme, rien ne lui coûtait pour en remplir les fonctions avec un oubli de soi complet et absolu.

Le choléra sévissait à Marseille. La mère de M. Chauvier vint un jour le voir. « Je viens te.... vous (1) chercher, lui dit-elle, nous partons ce soir pour Saint-Maximin. Préparez-vous à venir à la maison. Vous reviendrez, quand le choléra sera fini. — Eh! ma mère, répliqua-t-il en souriant, vous n'y pensez pas. Si j'étais à Saint-Maximin, mon devoir serait de rentrer à Marseille, et vous voulez que je m'enfuie! Mon ministère est ici, j'y reste! »

Une novice mourut du choléra. M. l'abbé Chauvier fit éclater à cette occasion son courage. Nous laissons la parole à l'historien de la Mère Saint-Augustin.

« Le jour de ce décès, 24 juillet 1835, il y eut dans Marseille un si grand nombre de cholériques qui succombèrent, que le bureau des inhumations re-

(1) Depuis sa prêtrise, par respect pour le caractère sacré dont il venait d'être revêtu, M. Chauvier avait désiré que tous les siens cessassent de le tutoyer. Ils s'y prêtèrent volontiers. Seule, sa mère eut quelque peine à s'y faire. Elle disait souvent : *Maï coumo faraï ? Voou que li digui vous, aquéou sant enfant!* (Mais comment faire? ce saint enfant ne veut plus que je le tutoie !)

nonça à délivrer des bières, ce qu'on ignorait au couvent. L'on attendit jusqu'à quatre heures du soir, sans pouvoir inhumer la bonne sœur. Mais, à bout d'espoir enfin, la sœur Saint-Ambroise part elle-même: sa déclaration, comme toutes les autres, avait été mise de côté. Une terreur panique faisait fuir de tous côtés et personne ne voulait se prêter à enterrer les morts. Enfin, elle obtint du R. P. Tempier d'être accompagnée au bureau des inhumations par un ecclésiastique qui dit un mot à l'oreille du chef du bureau; grâce à cette intervention, une caisse lui fut délivrée. Mais, comment trouver des porteurs pour l'enterrement? Elle s'avance sur le Cours Belsunce, auprès du monument où quantité d'hommes étaient sans rien faire et elle les supplie de vouloir bien se prêter pour enterrer le corps d'une religieuse défunte. Tous restent insensibles. La pauvre sœur alors lève les yeux au ciel et invoque Dieu en pleurant. Comme la foule se pressait autour d'elle, un Monsieur très honnête s'avance et reproche à tous les hommes qui l'entourent leur lâche insensibilité. Huit s'avancèrent alors, suivirent la sœur en toute hâte et eurent à peine, avant la nuit, le temps de porter le corps à sa dernière demeure. Là encore, nouvelle peine: ces hommes reprennent la panique et refusent de se prêter à faire la fosse. Sur quoi, M. l'abbé Chauvier, qui ne voulait pas qu'une religieuse restât au cimetière sans sépulture, se dévoua lui même et prit la pioche pour se mettre au travail. A cette vue, deux des porteurs se sentirent touchés et revenant sur leurs pas lui aidèrent à finir le travail. C'était bien le dernier moment. Le lendemain, on voiturait les morts en tombereau, et on les jetait pêle-mêle dans de grandes fosses de chaux vive. Combien l'on eut à se féliciter au couvent des peines de la veille, lorsqu'on vit passer les tombereaux lugubres ! »

IV

On comprend dès lors de quelle estime croissante la jeune communauté devait entourer son pieux et charitable aumônier.

Les autres maisons religieuses l'envièrent et on lui fit des propositions fort avantageuses au point de vue humain. Il les repoussa avec une sorte d'horreur. « Il m'aurait semblé, » disait-il à un prêtre de ses confidents, « que j'aurais été comme « Judas qui vendit Jésus, si j'avais eu en vue un « intérêt matériel dans l'exercice de mon ministère.

Tout à coup, Mgr de Mazenod se résolut à retirer M. Chauvier de sa modeste aumônerie pour lui confier la direction de la Maîtrise, et le R. P. Tempier vint en apporter la nouvelle à la Mère Saint-Augustin qui, contre toute attente, lui répondit par une exclamation de reconnaissance : « O mon Père,

« que de grâces le bon Dieu nous fait ! Ah ! je vois
« bien maintenant que nos vœux seront exaucés ! »
— Ma fille, que comprenez-vous et que voulez-
vous me dire de la sorte ? Est-ce que vous seriez
mécontente de M. l'aumônier, ou ne ferait-il pas bien
pour vous ? — « Mon Père, je conclus de cette décision
« de Monseigneur que Dieu a reçu le sacrifice que
« je lui ai fait de notre communauté dans le présent
« et dans l'avenir. Ce bon prêtre étant la colonne de
« l'édifice, nous le retirer, c'est nous anéantir ! Mais,
« que Dieu soit béni, si notre sacrifice peut être de
« quelque utilité pour la Sainte Église ! »

— Ma fille, reprit le R. P. Tempier·dans une
émotion facile à deviner, priez, faites beaucoup
prier ; je plaiderai votre cause auprès de Monseigneur.

« Dans la consternation où l'on se vit, toute la
communauté se mit en prières avec une grande
ferveur ; car on jugeait que, pour obtenir le chan-
gement d'une telle décision, il ne fallait rien moins
qu'un miracle. On fit trois neuvaines consécutives
en l'honneur de sainte Philomène ; mais le ciel
paraissait insensible. Déjà, par deux fois, le R. P.
Tempier s'était présenté devant Monseigneur et
toujours il en recevait la même réponse : « Dans ce
« moment, je ne puis compter que sur M. Chauvier,
« ainsi je tiens ! » Enfin, une troisième fois coïncidant
avec le dernier jour de la dernière neuvaine, le R. P.
Tempier se présente de nouveau chez Monseigneur,

dont tous les plans sont changés. Le matin du même jour, un prêtre s'était présenté devant son évêque pour lui exprimer son dévouement filial et en avait accepté la direction de la Maîtrise. En conséquence, Monseigneur donnait au R. P. Tempier la réponse favorable à ses vœux : « *Eh bien ! maintenant, que M. Chauvier use son confessionnal et d'autres encore !* »

« Comme on avait dans la communauté une sûre expérience des lumières de la Mère Saint-Augustin, personne n'avait douté, durant les anxiétés de cette épreuve, que la dernière décision de Monseigneur ne fût une sentence de vie ou de mort. L'on savait bien maintenant que la communauté avait été vouée à Dieu, dès sa naissance comme victime d'expiation pour l'Église, et qu'il convenait, en effet, qu'il y eût cette similitude entre les filles du Saint-Nom de Jésus, et Jésus lui-même, le véritable Nazaréen, voué à Dieu dès sa naissance pour le salut des hommes. Mais ce n'était pas en détruisant la communauté que Dieu devait accepter l'immolation qui la consacrait victime, c'était en la soutenant au milieu des croix et des souffrances qui devaient joncher son chemin. M. Chauvier ayant été rendu à la communauté, la Mère Saint-Augustin comprit qu'il fallait désormais subsister dans une vie d'immolation dont le Seigneur voulait bien agréer l'offrande. Et la dernière neuvaine fut clôturée par un *Te Deum* d'actions de grâces. »

Pour M. Chauvier, tandis que l'on priait et tremblait autour de lui, il se tenait dans une sainte indifférence.

— Si vous saviez, disait-il à quelqu'un qui s'en étonnait, comme je sens mon âme libre, mais si libre que je sens que rien ne l'attache !

Dès lors, Notre-Seigneur l'avait rendu comme insensible et indifférent à ce qu'on voudrait de lui : cette disposition si rare et si difficile à acquérir comme chacun sait, ne fit que croître chez lui et, peu avant sa mort, nous lui avons entendu répéter à deux reprises, à propos d'un prêtre, de ses fils spirituels, que la volonté de ses supérieurs enlevait à un poste brillant pour le confiner dans une pauvre cure de campagne :

— Si Monseigneur m'envoyait curé à R..... (1) je n'aurais aucune peine à me démettre de mon canonicat, pour me rendre immédiatement à ce poste.

Cette sainte indifférence était la suite de l'application d'un acte héroïque qu'il avait exécuté, de concert avec la Mère Saint-Augustin et une des sœurs fondatrices, un jour qu'il s'était offert en victime d'expiation.

Mais il est temps de raconter cette page vraiment effrayante de la vie du saint directeur.

1) Une des paroisses réputées les plus pauvres du diocèse.

IV

LE DÉMON [1] - L'ÉPREUVE

« Une envie furieuse, dit Bossuet, enflamme la rage des démons contre nous. Ils voient qu'étant leurs inférieurs par nature, nous les dépassons beaucoup par la grâce, ils ne sauraient considérer sans un extrême déplaisir que dans des membres mortels nous puissions par la puissance et la miséricorde divines approcher la pureté des substances incorporelles (2). »

L'historien du saint curé d'Ars, arrivé au récit des luttes que M. Vianney eut à soutenir contre les démons,

(1) Nous obéissons à un avis, qui mérite tout notre respect et qui répond d'ailleurs à nos plus intimes sentiments, en accentuant encore plus que nous ne l'avions fait tout d'abord toutes nos réserves sur des faits merveilleux, qui ne sauraient avoir d'autre autorité que la véracité des témoins auxquels nous en avons emprunté le récit. C'est à l'autorité ecclésiastique seule qu'il appartient de se prononcer définitivement, et nous ne sachions pas qu'elle ait été appelée à le faire.

(2) Bossuet, Sermon sur les démons pour le premier dimanche de Carême.

le dit résolument : « Je sais d'avance tout ce qu'on dira du biographe ingénu qui a osé prendre au sérieux des faits contre lesquels le bon sens moderne a prescrit. Je sais aussi que ceux qui croient au pouvoir terrible des démons sur les hommes, c'est-à-dire tous les chrétiens, me sauront gré de n'avoir point molli devant les vaines superstitions de mon siècle, et d'être resté historien intègre et le témoin fidèle de ces choses. Je n'en veux rien retrancher, rien diminuer, rien atténuer, c'est une grâce que Notre-Seigneur m'a faite, de ne pas me préoccuper sur ce point du jugement des hommes. Je n'ai aucun mérite à cela, il n'y a pas en moi de lutte ni d'incertitude. J'écris en regard du Maître de ma conscience, si loin du monde par la pensée, que je ne sais plus en ce moment s'il y en a un pour me lire (1). »

Cette déclaration faite, nous n'hésitons plus à laisser parler une des biographies de notre héros. Voici ce que nous y lisons :

I

« La maison religieuse, à laquelle notre saint prêtre fut attaché, était une congrégation de filles spécialement destinées à l'instruction religieuse des

(1) Monnin. Vie du Curé d'Ars, t. 1er, liv. 3, chap. 2.

enfants pauvres des paroisses de village. Cet institut, qui s'est étendu considérablement dans la suite, devait être bien agréable à Dieu, puisque les fondements en étaient si saints. La première supérieure alors en charge était une âme d'élite, et le saint M. Chauvier la secondait auprès de ses filles, d'une manière trop admirable pour ne pas soulever la rage de l'enfer, à tel point que, comme autrefois pour Job, permission fut demandée par Satan de lui porter ses plus grands coups.

« Une violente et complète obsession éclata avec fureur et devint bientôt à peu près publique, malgré tous les efforts employés pour le cacher... »

Ce fait fut constaté et reconnu comme évident à l'évêché de Marseille (1). Des exorcismes furent ordonnés par l'autorité diocésaine, et M. Chauvier se vit chargé de ce pénible ministère. Mais le Seigneur n'oublia rien pour le préparer à cette difficile mission. Il fut comme revêtu de Notre-

---

(1) Un des Vicaires-Généraux qui se refusait à admettre les conclusions de ses collègues et des théologiens chargés de l'enquête, obtint de Monseigneur l'autorisation de suivre les exorcismes. La vue de ce qu'il eut alors sous les yeux et la sagesse de M. Chauvier le frappèrent si vivement que, malgré son âge avancé, le vénérable grand-vicaire, qui était en même temps curé d'une importante paroisse de Marseille, la lumière et le conseil du clergé marseillais, ne voulut plus d'autre directeur pour sa propre conscience que ce jeune aumônier, si prudent, qu'il consulta jusqu'à la mort avec une déférence filiale.

Quelque chose d'analogue arriva pour M. Fissiaux, qui s'était d'abord refusé à croire à l'évidence des faits constatés et avait annoncé qu'il saurait bien ramener ces esprits exaltés à la raison, ce que Monseigneur l'autorisa à tenter.

Seigneur, et en eut une sorte de perception sensible.

« La fatigue de ce charitable Exorciste fut telle, de nuit et de jour, qu'il a avoué avoir failli succomber sous le faix, car il n'avait pas même le loisir dans la journée de prendre ses repas...

« Cette obsession, qui se manifesta à deux reprises différentes, dura, la première fois, une semaine. Les attaques en furent si vives que le digne aumônier a dit ensuite que l'enfer ne saurait offrir, ce lui semblait, rien de plus affreux. »

Il lui arriva quelque chose d'analogue à ce qui est raconté dans la vie du Père Surin, l'exorciste de Loudun.

« Une nuit, raconte la biographie manuscrite que nous suivons en ce moment, il lui arriva d'être obsédé lui-même, mais secrètement, son esprit se trouva enveloppé de ténèbres, il se sentait en même temps comme lié et dans l'impuissance d'agir, ce qui dura deux ou trois heures. Il eut ensuite des frayeurs épouvantables, pendant plusieurs nuits. Une fois entre autres, il demeura depuis dix heures jusqu'à une heure du matin, comme environné de démons qui étaient par milliers, sentait-il, mais invisibles derrière une épaisse fumée qui semblait devoir l'asphyxier. Il lui eût été bien facile de sonner et d'appeler du secours ; mais, comme on l'interrogeait un jour à ce sujet, il dit : « Malgré les frayeurs « inexplicables que j'éprouvais, je ne voulais pas « appeler du secours, et je disais à Dieu : — Faites

« de moi ce que vous voudrez. S'il vous plait que je
« sois immolé, me voici !... Je m'abandonne à votre
« bon plaisir ! Je passai ainsi trois heures. On vint
« à une heure me chercher pour un malade, mais
« la frayeur m'avait tellement gagné que je priai
« d'attendre, car je n'avais littéralement plus la force
« de me lever. — Voilà, ajoutait-il, ce que j'étais,
« réduit à moi-même ! Mais, lorsque j'agissais au
« nom de l'Eglise pour combattre les démons, j'étais
« plein de force, et je me moquais de tout l'enfer. »

Cette nuit était celle du vendredi après Pàques.
Ce digne prêtre, en parlant de ces choses, semblait
se complaire à montrer sa faiblesse personnelle.
Mais il n'est pas moins vrai que le fruit de ses
combats et de ses souffrances fut un empire merveilleux sur les démons pendant toute sa vie, et
une grâce singulière pour la conduite intérieure des
âmes qu'ils obsédaient.

Dieu lui fit d'ailleurs, à cette occasion, des grâces
extraordinaires auxquelles sa correspondance fait
quelquefois allusion. C'est ainsi que saint Michel lui
fut donné pour le guider et pour l'assister dans les
assauts souvent terribles qu'il eut à livrer aux enne-
mis de notre salut. Cette assistance du céleste ar-
change fut assez sensible pour que les témoins de
cette lutte aient pu en déposer.

Enfin la tempête s'apaisa, à la suite d'un dernier
épisode, dont nous ne saurions raconter ici tout
l'effrayant développement. Voici ce que nous avons

appris de la bouche même du saint aumônier. Il
avait dit la messe en partie, lorsqu'il se sentit tout
lié et saisi, suivant son propre aveu : « Je sentis,
« dit-il, que Notre-Seigneur voulait se servir de
« moi, dans ce moment, pour parler lui-même à nos
« sœurs. Je le fis, en effet, pendant deux heures
« entières, sans pouvoir m'arrêter. Je ne me rap-
« pelle pas ce que je dis alors, parce que je n'étais
« plus à moi ; mais nos sœurs m'ont dit avoir senti
« que chacune de mes paroles s'adaptait au besoin
« secret de chaque âme. On mettait devant moi
« comme de grandes bandes, où tout ce que j'avais
« à dire était écrit, et ces paroles s'imprimaient
« dans mon âme comme l'aurait fait un instrument.
« Tout ce dont je me souviens, c'est que je demeurai
« appuyé avec mes deux mains sur l'autel, et que je
« commençai par ces paroles : Venez, mes enfants,
« écoutez-moi, et je vous apprendrai la crainte du
« Seigneur.

« J'avais commencé la messe à sept heures, et à
« dix heures j'étais encore à l'autel. Je sentais que
« j'avais besoin d'un ange pour m'arrêter, lorsque
« le Père Lagier (1) arriva. Il se mit à mon côté, et
« me dit : « Monsieur l'Aumônier, il y en a assez. »
« Tout de suite, je demeurai libre, je pris le calice
« pour les ablutions, et j'achevai la messe comme

____

(1) Le R. Père Lagier, oblat de Marie, alors directeur du Grand
Séminaire de Marseille.

« si de rien n'était. Nos sœurs furent toutes guéries,
« et la joie qui demeura imprimée dans mon âme
« fut si grande, que j'en gardai l'impression pen-
« dant plusieurs semaines. Mon âme entra ensuite
« dans l'état de calme et de paix où elle se trouve
« maintenant, et je demeurai comme confirmé dans
« cet état. »

« Cette faveur signalée eut lieu le samedi, dans
l'octave de Pâques, c'est-à-dire le lendemain de la
terrible nuit dont nous avons parlé plus haut. »

II

Mais si la paix fut rendue à son âme, Dieu, qui
voulait mettre le sceau à la perfection de son digne
ministre, permit au démon de le faire passer par un
autre genre d'épreuves auquel peu de vies sacerdotales échappent : la calomnie et les incriminations
fausses dans l'exercice du saint ministère.

Un jour, pendant les exorcismes, les démons
furieux avaient dit au pieux aumônier : « Nous te
perdrons ! Nous te perdrons ! » « Oui, répondit-il,
dans le Cœur sacré de Jésus ! » Les démons tinrent
parole.

Abusées par l'ennemi de la paix, quelques personnes, subissant les inspirations de la jalousie,

firent, sur le compte de notre saint prêtre, de faux rapports auxquels Dieu permit que la R. Mère Saint-Augustin se crût obligée, sinon d'ajouter foi, — elle avait trop la connaissance de son intérieur pour cela, — du moins de penser qu'i fallait donner une sorte de satisfaction en éloignant momentanément le pieux aumônier. Sur le conseil de la vénérée fondatrice, et avec l'agrément de ses supérieurs, il alla passer six semaines à Montauroux, auprès d'un de ses condisciples d'enfance, le vénérable curé Honnorat, aujourd'hui retiré à Saint-Maximin, où la mort de son compatriote et ami l'a laissé inconsolable.

Cependant le démon, jaloux de cette réputation jusque là sans atteinte, fut assez habile pour faire accréditer à Marseille le bruit que M. l'abbé Chauvier, dont on ignorait le lieu de retraite, avait été interdit et était allé purger son temps de pénitence à la Grande Chartreuse.

Dès que l'autorité diocésaine eut connaissance de cette rumeur, elle se hâta d'intimer au fugitif l'ordre de rentrer à Marseille et de reprendre ses humbles fonctions d'aumônier, à l'entière satisfaction de la communauté qui retrouvait enfin son Ange visible.

III

Battu sur ce point, l'enfer ourdit une intrigue plus habile. Il trouva le moyen de blesser le cœur du bon prêtre à l'endroit le plus sensible, en lui infligeant la disgrâce momentanée de ses supérieurs.

Un malheureux, qu'abritait l'hospitalité généreuse des Religieuses des SS. Noms de Jésus et de Marie, dénonça M. Chauvier avec une telle habileté qu'il fut impossible à ses amis les plus dévoués de plaider sa justification.

Nous laissons parler ici un témoin des événements, racontant comment M. Chauvier sut conserver tout à la fois au sein de la tempête la paix, la confiance et la dignité sacerdotale.

« Loin de se plaindre, il se borna à demander humblement pardon, non de ses torts, il n'en avait point, mais de la peine qu'il supposa avoir causée à ses supérieurs qu'il avait toujours tant aimés et respectés. Le seul argument qu'il allégua pour se défendre, c'est qu'il croyait n'avoir jamais agi que par un principe de grâce. Malheureusement, cette doctrine était bien élevée.... Elle ne fut pas comprise, ou plutôt Dieu permit qu'elle ne fût pas admise dans les conseils de son Evêque. »

Pour lui, écoutons-le révéler ses admirables sentiments dans les lettres que nous avons encore de lui, en ce temps d'épreuves si humiliantes pour cette âme pure et tout angélique.

« Mon cœur souffre, mais il n'est pas confondu...
« Il adore... Il se tait et il aime. Qu'il en soit en
« tout et toujours comme le voudra notre Père du
« ciel ! Voyons-le dans la main qui nous frappe et
« soumettons-nous. Jésus n'a été exalté qu'après
« s'être humilié et s'être fait obéissant jusqu'à la
« mort de la Croix. Regardons... Imitons... Laissons
« notre charité s'épurer dans le creuset.

« Mon cœur vous est assez connu pour savoir qu'il
« n'a besoin que de croître en amour pour son Dieu
« et en soumission pous son bon plaisir. Toujours
« il nous faut dire *Fiat*, mais surtout lorsque son
« amour le porte à nous frapper. C'est alors que
« l'âme le glorifie purement.

« Il faut que les personnes séculières ignorent ce
« qui arrive, la charité pourrait en être blessée,
« et, pour nous, faisons tout en charité. Souffrons,
« mais ne péchons pas. Si nous recevons le bien de
« notre Père du ciel, pourquoi n'en recevrions-nous
« pas les maux? Maintenant plus que jamais, nous
« devons tenir ce langage... Ne voyons pas des
« hommes dans tout ce qui arrive; mais élevons-
« nous jusqu'à Dieu, qui les fait agir...

« De quelque nature que soit notre immolation,
« quelle qu'en doive être la durée, ne cessons jamais

« de nous soumettre. Laissons à notre Père céleste
« le soin de tout ce qui nous regarde, et, quoi qu'il
« advienne, disons toujours *Fiat*.

« Mon âme est en peine au sujet de ***. Je crains
« qu'il n'ait reçu sur mon compte une impression
« défavorable, par suite de ce qui lui aura été dit.
« S'il plaît au Seigneur que je sois perdu dans l'esprit
« de tous, *Fiat !* Mon cœur pourra en être vivement
« immolé, mais, Dieu aidant, j'espère qu'il ne
« refusera pas le calice. Déjà, il en porte l'humiliation
« et la peine, comme si cela était. Si le bon plaisir
« de notre Père céleste est que cela soit en effet,
« Amen. Seulement, je ne voudrais pas que *** eût
« à souffrir à mon occasion.

« Il serait bien possible que le Seigneur Jésus me
« fit porter l'humiliation dont vous me parlez (1) et
« que mon âme a acceptée depuis bien des années.
« Je la regarderais comme la plus belle récompense
« du dévouement que j'ai eu pour cette famille, et je
« n'en aimerais pas moins ceux qui seraient les
« instruments de la divine Providence. Il en sera ce
« que voudra notre Père du ciel. Quoi qu'il arrive,
« j'y souscris par avance. Seulement, je désire qu'il
« ne soit offensé en rien, et que le bien des âmes
« n'ait pas à en souffrir. Pour moi, il me sera toujours
« avantageux si je suis humilié.

« S'il plaît à notre Père du ciel de nous laisser

____

1) Etre chassé de la maison des SS. Noms de Jésus et de Marie.

« dans le creuset de la tribulation, malgré toute
« l'humiliation qui nous en revient, adhérons tou-
« jours à son bon vouloir. Je ne doute pas que votre
« cœur n'ait eu à souffrir dans l'entretien que vous
« avez eu avec ***. Mais, ne vous affligez pas trop :
« le disciple n'est pas plus que le maître, ni l'esclave
« que son seigneur. Qu'il y a loin des noms qu'on
« nous donne à ceux dont on qualifiait notre bien
« aimé Sauveur ! Et c'étaient les chefs de la Nation,
« les Prêtres eux-mêmes, qui le traitaient ainsi !
« Pour nous, quoi qu'on nous dise, quoi qu'on nous
« fasse, nous pouvons toujours dire avec raison :
« *Cela m'est dû !*

« Adorons Dieu, soumettons-nous amoureuse-
« ment à sa divine volonté, et ne cessons jamais
« d'aimer notre prochain, quel qu'il soit et quoi
« qu'il fasse. Lorsque nous sommes frappés, ne
« nous arrêtons pas à la main qui frappe, éle-
« vons-nous jusqu'à notre Dieu, de qui elle reçoit
« le mouvement, et, quoi qu'il nous arrive, bénis-
« sons son saint Nom ! J'ai la douce confiance que
« ce sont là vos dispositions ; que Dieu en soit béni !

« Le grand saint Laurent prouve son amour, en se
« laissant consumer par le feu matériel qui le dé-
« vorait, il faut nous laisser consumer par le feu de
« la tribulation. C'est ainsi que nous pouvons rem-
« porter la palme du martyre. Lorsque je parle de
« tribulations, je ne veux pas parler seulement de
« celles qui nous viennent de la part des créatures

« qui sont de purs instruments, mais surtout de
« celles qui viennent directement de Dieu, qui sont
« plus immolantes et par là même plus propres à
« nous conduire à l'union divine.

« Tout tourne à bien pour ceux qui aiment Dieu! »
C'est la belle maxime de saint Paul que M. Chauvier avait sans cesse à la bouche avec ce souhait :
« *La Paix!* » Pour avoir été fidèle en cette douloureuse occasion, à cette double pratique, Dieu
confondit, en sa faveur, les intrigues de l'enfer.

La vertu du bon prêtre fut reconnue et l'indigne
calomniateur, chassé du toit où il avait ourdi sa
trame, s'en alla mourir aux Insensés. Son complice,
également éloigné de la maison, après être resté
longtemps sourd aux avertissements et aveugle
devant la conduite angélique de sa victime, mourut
à l'hôpital, après avoir rétracté par écrit les calomnies que la jalousie lui avait inspiré de porter au
tribunal de l'Evêque.

Au moment de mourir, Mgr de Mazenod voulut
manifester, de son côté, combien il avait pleinement
rendu au digne prêtre son estime et son affection.
Chacun put le voir lors de la visite que M. Chauvier
fut invité à faire au prélat mourant, qui le combla
des témoignages de sa tendresse et de sa confiance.

V

LE SAINT DIRECTEUR

I

Pendant les six ou huit années qui suivirent l'obsession dont nous avons parlé, le digne aumônier continua à se dévouer, avec une générosité constante, aux soins spirituels de l'Institut des Saints Noms de Jésus et de Marie, devenu sa famille. La communauté grandissait dans l'ombre qui lui est restée chère, elle devint assez considérable pour former bon nombre de maisons, que M. Chauvier était chargé d'aller visiter chaque année au printemps, dans les paroisses et les diocèses où elles s'étaient établies.

On imagine avec quel bonheur il y était reçu et le bien qui en revenait à ces saintes filles, animées toutes d'un esprit de simplicité et d'humilité admirables. A diverses reprises, si nous en croyons la tradition de ces charitables tournées, Dieu mani-

4*

festa la sainteté du visiteur par de singuliers prodiges, que l'humilité du saint prêtre attribuait à la foi des religieuses et accueillait avec une absence si complète de surprise, comme quelque chose de si naturel qu'on eût dit une atmosphère dans laquelle il était habitué à vivre et à se mouvoir.

D'ailleurs il conduisait tout d'une manière toujours humble, sainte et cachée, se tenant lui-même dans l'ombre, presque inconnu de tous. Cependant, peu à peu, le Seigneur, qui voulait étendre le bien opéré par son charitable ministre, manifesta ses mérites. Grand nombre d'âmes se mirent sous sa direction. Plusieurs communautés religieuses de divers ordres le demandèreut pour confesseur aux Quatre-Temps, et obtinrent de lui diverses retraites, dont on a conservé les analyses et qui produisirent un effet merveilleux. Un grand nombre d'ecclésiastiques se rangèrent aussi sous sa conduite, et son Evêque l'appela dès lors à remplir les fonctions de confesseur pendant les retraites pastorales. De tous côtés, on le consultait et on réclamait ses conseils. Pour lui, il demeurait toujours aussi humble, aussi petit, aussi *rien*, suivant son expression favorite.

L'abbé Chauvier était encore tout jeune, quand Dieu lui communiqua ainsi cette grâce abondante de direction. C'étaient surtout les religieuses et les personnes appelées à la perfection dans le monde qu'il semblait plus propre à diriger avec de grands fruits, quand Dieu les lui avait adressées.

Il ne sera pas inutile de pénétrer ici, avec quelques détails, dans cette vie intime du saint directeur et d'étudier les méthodes qu'il employait. Nous l'allons tenter en nous servant de ses cahiers, de sa correspondance, et des notes prises par quelques âmes qui ont eu le bonheur de vivre sous sa direction.

II

Le caractère général de cette direction fut, du côté de M. Chauvier, une abnégation totale de tout intérêt propre, et vis à vis des âmes une inaltérable douceur.

Il ne se décourageait jamais, s'offrant sans cesse comme victime pour le salut et la perfection des âmes qui lui étaient confiées.

« Je ne veux plus absolument que le démon vous
« surmonte, écrivait-il à une âme rebelle ; je ne veux
« pas que vous soyez la proie de cette bête furieuse.
« Quand je saurais de souffrir tous les tourments ima-
« ginables, demain, après la messe, je vais faire
« l'offrande de moi-même à notre bon Sauveur, afin
« qu'il me fasse subir la pénitence qu'il exigerait de
« vous, soit par des peines intérieures, soit par telles
« autres peines qu'ils lui plaira. Ma pauvre enfant,
« si vous vous décidez à faire vous-même la pénitence
« que Dieu demande de vous, alors je n'aurai rien à

« souffrir ; mais encore je veux dire à notre bon
« Maître, que si, en faisant tout ce que vous pourrez,
« il n'y en a pas assez, je me charge de tout le reste,
« qu'il me le fasse payer !.. »

— Une demi-heure avec ces âmes (1), avouait-il un
jour, me fait plus souffrir qu'une journée entière de
mon ministère. Mais, ce sont ces âmes que j'aime
davantage. Oui, ajoutait-il avec un singulier accent,
ce sont celles qui me tuent, pour lesquelles je sens
une plus grande tendresse. Je sens qu'il me faut les
couvrir de charité.

Un homme du monde, appelé de Dieu à la perfection, lui avait longtemps résisté, quand, un soir, après
l'avoir entendu en confession, le serviteur de Dieu se
jette aux genoux de son pénitent surpris et le conjure
avec larmes, de lui pardonner, s'accusant de « ne
pas l'avoir assez aimé jusque là, » puisqu'il avait
si longtemps fermé l'oreille à la voix de Dieu.

Les âmes peinées, réduites au désespoir. accou-
raient à lui comme à un refuge naturel. Il lui en
revenait souvent des humiliations.

— Que voulez-vous ? disait-il un jour, il y a des
âmes, dont personne ne veut, et c'est presque un
déshonneur de s'en charger. Et cependant, elles ont
du bon, et, étant aidées, elles peuvent produire bien
des actes de vertus.

(1) Celles qui résistaient à la grâce.

III

Il avait reçu de Dieu un très grand empire sur les démons, en récompense de sa lutte terrible contre eux. Il démêlait sans peine toutes leurs ruses, qu'il réduisait à néant, fortifiant les âmes éprouvées, et les conduisant, avec une admirable sûreté, dans les voies les plus épineuses et les plus obscures.

Qu'on n'imagine pas cependant, malgré cela, et aussi malgré les communications évidemment surnaturelles qui manifestèrent souvent, même à distance, son action incessante sur l'âme de ses dirigées, que la direction de M. Chauvier cessa jamais d'être éminemment simple. Lorsque Dieu manifestait son intervention par quelque signe extraordinaire, la suave simplicité du saint directeur, parfois même une pointe de douce gaîté, ramenait les esprits à la voie commune. Il ne donnait ni moyens multipliés, ni pratiques nombreuses, et, au lieu de charger l'âme, il la dépouillait petit à petit, d'une manière presque insensible, infiniment suave et douce, en sorte qu'on ne s'apercevait pour ainsi dire pas de cette marche soutenue qui faisait faire en peu de temps de rapides progrès. Toutefois, il était loin de blâmer les prières vocales et les dévotions approuvées. Il y engageait au contraire, mais en faisant éviter la contrainte et le trop de multiplicité. Une de ses plus saintes dirigées, tendant vers un état trop vide de bons efforts et de prières vocales, il lui ordonna de faire chaque jour un chemin de croix, pendant une retraite annuelle d'assez longue durée.

Dès qu'une âme lui était ouverte, il la portait aussitôt à la donation parfaite de tout soi-même à Dieu et, si déjà ce pas avait été fait antérieurement, il suivait pied à pied la conduite du Saint-Esprit et lui préparait les voies.

Loin d'humilier avec raideur, il encourageait et soutenait au contraire beaucoup. Mais, pour cela, il ne rendait pas les âmes moins humbles, car il les anéantissait puissamment, en les faisant sans cesse se dépasser, s'annihiler et s'oublier devant Dieu.

Sa conduite était la même à l'égard des grâces particulières qu'elles recevaient. Sans beaucoup les examiner, au moins devant elles, il leur apprenait à les recevoir simplement, sans y faire fond et sans s'y arrêter. Aussi, tout en les écoutant avec soin, il s'arrangeait pour que l'amour propre ne sût où trouver sa place.

Bien que ce bon père ne rebutât jamais d'une manière pénible, il redressait sans fausse commisération les âmes égarées loin de leur voie, et leur montrait comment elles avaient fait fausse route. Que si on lui résistait, sa force surnaturelle devenait telle qu'il en était lui-même comme atterré. On lui demandait un jour comment, lui, si bon et si doux, devenait capable de gronder et de reprendre avec sévérité.

— Ah ! répondit-il, si vous saviez, quand cela m'arrive, je me fais peur à moi-même. Oui, je tremble alors, car j'entre pour lors dans la justice de Dieu.

Mais, ce qui n'est que le propre des saints, c'est l'esprit vivifiant qui accompagnait chacune de ses paroles. Aussi était-on sûr que le moindre mot adressé à une âme portait son fruit, si cette âme le recevait avec foi. Souvent, on n'en comprenait pas tout d'abord la portée, mais peu à peu la lumière se faisait avec abondance. Il en arrivait ainsi d'ordinaire aux âmes qu'il dirigeait, surtout relativement à ces quelques points sur lesquels roulait toute sa doctrine spirituelle : l'abandon parfait, l'enfance spirituelle et la pureté du cœur.

Nous ne voulons pas dire qu'il conduisît toutes les âmes par la même voie, car jamais direction plus dépendante que la sienne de l'Esprit-Saint, qui souffle où il veut. Cependant, il est vrai d'observer que, n'importe l'attrait particulier, il faut que l'âme, pour être fondée en vertu, arrive à ces points fonda-mentaux vers lesquels il dirigeait avec des béné-dictions admirables.

On comprend dès lors quelle vénération mêlée d'une affection vraiment céleste portaient à leur vénérable Père, ses enfants de grâce. Quelle docilité à la moindre de ses paroles ! Quel respect profond ! Quel esprit de foi en tout ! Accoutumés à ne se séparer jamais de Notre-Seigneur dont il était revêtu pour eux, sa direction n'eut jamais aucun écueil ; tout y était effusions sacrées et communications divinisées.

L'angélique directeur en était arrivé à ne pouvoir plus donner à qui que ce soit un témoignage affectueux qui se ressentît tant soit peu de la nature. Il n'aurait pu se résoudre à baiser même un enfant. Il portait si loin à cet égard la délicatesse que, à partir du jour où il reçut les saints ordres, il n'embrassa plus sa mère, ni ses sœurs, et, en agissant ainsi, il s'y prenait avec une telle candeur que sa mère ne pouvait le trouver mauvais.

Dans le petit traité qu'il a composé sur la *direction spirituelle*, il insiste sur la nécessité pour l'âme dirigée de se plier aux moyens de communications que le directeur jugera meilleurs.

« Soyons persuadés, dit-il, que plus d'une fois le
« silence de la personne qui nous dirige dit plus que
« ses paroles, et produit plus de bien dans l'âme.
« Profitons donc du silence aussi bien que des
« paroles. »

Il l'écrivait à une sainte âme, de celles dont la direction le consola davantage :

« Ne soyez pas surprise de ce que nos âmes ne sont pas portées à conférer longuement ensemble. Je pense, que plus l'union des âmes se perfectionne, plus on vit de la vie de Dieu. Or, dans la société des trois divines Personnes, quel silence mystérieux !

Et, dans la société des trois personnes qui sur la terre ont été comme une Trinité visible, quel silence à Nazareth ! On ne parle qu'avec les yeux et le cœur..... peu avec la langue. Cependant, agissons avec toute liberté. L'Esprit-Saint nous fait-il parler? Parlons. Nous porte-il à nous taire ? Aimons, respectons ce silence et soyons persuadés que le temps sera toujours bien employé, si nous agissons ainsi par mouvements de grâce. Après nos entrevues, de quelque manière qu'elles se passent, point de retour, point de peine, point de désir. »

La foi vive du saint directeur lui avait découvert de quel secours est pour le ministère du prêtre l'ange député par Dieu à l'assister dans l'exercice des fonctions sacerdotales. Nous aurons plus loin, dans un chapitre spécial, à raconter quelques faits où l'action de ces esprits célestes fut évidente et rendue sensible.

Ici nous nous bornerons à noter la chose, attestée par la correspondance du bon Père et les témoignages les plus graves.

— Quand vous êtes dans la peine, appelez-moi, je vous enverrai mon Ange.

— L'Ange m'a pressé de venir vers vous, votre âme m'a appelé, l'Ange me l'a dit...

Ces affirmations et autres semblables, énoncées avec un sourire céleste, impressionnaient vivement les âmes et l'effet récompensait la fidélité à cet avis, la confiance augmentait, tant on sentait ce prêtre visiblement assisté d'en haut.

On en eut un jour à Ars l'éloquent témoignage.

Une personne de Marseille était allée consulter M. Vianney. Le saint curé l'écouta à peine et l'interrompit dans son exposé :

— De Marseille ! fit-il, quoi ! vous venez de si loin pour avoir un conseil ! Mais, ne savez-vous donc pas que vous avez un saint à Marseille ?

— Quel saint ? répliqua la pauvre affligée.

— Eh ! Monsieur Chauvier.

VI

PRÊTRE SÉCULIER

I

« Bien que M. Chauvier n'ait jamais embrassé la vie religieuse dans un ordre ou une congrégation de prêtres réguliers, il avait cependant l'esprit et les vertus du Religieux le plus parfait. A plusieurs reprises, il eut le désir de sortir du monde, et toujours la bonté divine, qui recevait tant de gloire de son ministère, l'y retint providentiellement. »

Nous avons déjà raconté comment, pendant son séminaire, il eut le désir d'embrasser la vie religieuse dans la Congrégation fondée par Mgr de Mazenod : il en fut détourné par l'intervention de sa famille, dont le P. Albini approuva l'opposition.

Lors de l'épreuve par laquelle la vengeance des

démons le fit passer, il crut voir là un nouvel appel
de Dieu, et l'occasion de réaliser enfin son désir
d'entrer en religion. Comme au Séminaire, son
confesseur d'alors s'efforça de l'en détourner, l'assurant qu'il devait sacrifier ses inclinations person-
nelles à l'avantage spirituel de la Communauté dont
il était le père. Mais, voyant que la pensée persistait
chez son saint pénitent, le confesseur l'engagea
vivement à partir pour Ars, où il consulterait
M. Vianney.

— Puisque le bon Dieu vous a chargé de mon âme,
répliqua M. Chauvier, il doit vous donner les lumières
nécessaires pour la bien conduire, et je m'en rapporte
à vous. Vous êtes mon curé d'Ars en ce moment.

A quelques années de là, Dieu, voulant montrer
qu'il n'exigeait de lui que la préparation de son cœur,
permit que ce désir se renouvelât en son âme avec
une telle force qu'il crut toucher au terme. « Toutes
les mesures étaient prises et il se disposait le jour
même à demander au premier pasteur du diocèse
d'entrer au noviciat, lorsque, tout à coup, en célébrant
les saints mystères le jour de la fête de Tous les
Saints, cette pensée tomba de son esprit, suivant sa
propre expression, comme un vêtement dont on est
dépouillé.

« Comme son âme ne cherchait que la plus grande
gloire de Dieu, il demeura ensuite aussi calme, aussi
soumis que s'il n'eût rien désiré, sans aucun vouloir,
continuant avec le même dévouement son exercice

de charité sacerdotale envers ses chers enfants spirituels. »

II

Nous venons de dire qu'il songeait à ce moment à faire une démarche auprès de son évêque, en vue d'obtenir la permission de se retirer. Il est douteux que cette permission lui eût été facilement accordée, et, en ce cas, certainement, il n'eût pas hésité à demeurer dans les rangs du clergé séculier, car son esprit d'obéissance envers les supérieurs ecclésiastiques fut toujours, en tout temps et en toute occasion, jusqu'à la fin de sa vie, un trait distinctif de sa vertu sacerdotale.

« Il faudrait en avoir été témoin comme nous, pour comprendre jusqu'à quel point il portait cette soumission et ce respect pour leurs moindres volontés, et même pour leurs intentions. Le religieux le plus exact et le plus fidèle à ses vœux n'aurait pu en faire davantage. Nous l'avons vu injustement déprécié auprès d'eux et jugé défavorablement sur de fausses apparences ; et alors, loin de se plaindre ou même de justifier sa conduite, il se soumettait humblement et il éprouvait plus de peine de celle qu'il leur causait que de ses propres tribulations. Il jugeait toujours par leur bon côté les mobiles de leur conduite, et, lorsque sa droiture ne lui permettait pas de les justifier, il prévenait le blâme, couvrait ce qui pouvait être défavorable et ne se permettait jamais la moindre critique. Il aimait beaucoup dans ces occasions à rappeler les paroles du bon Maître, qu'il s'estimait trop heureux de pouvoir imiter : « Vous n'auriez nul pouvoir sur moi, s'il ne vous « eût été donné d'en haut. »

Sous l'action de cette pensée, voulant d'ailleurs se donner le mérite des vœux de religion, il fit, entre les mains du R. Père Tempier, alors vicaire général et supérieur de la Communauté des Saints Noms de Jésus et de Marie, un vœu particulier d'obéissance, ainsi que le vœu de pauvreté selon sa condition.

Il eût obéi à un enfant, si on le lui eût donné pour supérieur, tant ses vues de foi étaient vives et son intérieur dégagé de tout esprit propre.

« Si l'on venait me défendre de confesser, disait-il un jour, je n'en aurais aucune peine. Il m'est arrivé des occasions, où j'avais à souffrir des choses fort pénibles, mais je me taisais, je laissais faire au bon Dieu... Je disais ce qu'il fallait dire, puis je demeurais en paix. Il me semble même que, si Monseigneur venait à me faire des reproches, je n'en serais pas ému !...

Cette épreuve, qu'il considérait comme une extrémité, tant il vénérait et aimait son évêque, lui fut

un jour infligée, et dans des conditions particuliè-
rement humiliantes.

Il était alors déjà avancé en âge, entouré d'un respect universel, honoré devant Dieu et devant l'Eglise.
Mᵍʳ l'Évêque se crut dans l'obligation d'adresser au
vénérable prêtre des reproches qui durent être très
sensibles à cette âme si délicate et si sacerdotale.
Dieu le permettait ainsi pour achever la perfection
d'une obéissance héroïque.

Pendant que les reproches tombaient sur lui, il
demeura silencieux, la tête humblement baissée,
sans laisser voir la moindre émotion.

Un de ses fils, témoin de la scène, le suivit, après
l'office auquel il avait assisté ensuite dans son atti-
tude ordinaire, et l'alla voir dans son appartement,
où il le trouva calme et paisible, comme si rien ne
s'était passé.

— Mais, mon père, vous n'avez donc éprouvé
aucune émotion pendant cette scène ?

— Aucune, fit-il avec un doux sourire, je me suis
tourné vers Notre-Seigneur et je n'ai plus rien entendu !... Seulement, n'en dites rien à nos sœurs,
elles en seraient contristées.

Le jour même, Monseigneur recevait les excuses
du saint prêtre, lui demandant pardon de la peine
qu'il avait causée à son cœur pastoral.

III

Ces sentiments et cette conduite souvent héroïque procédaient d'un sentiment très élevé du respect dû à la hiérarchie, en tant que voulue par Notre-Seigneur. L'Eglise, sa constitution divine, le Pape, son infaillibilité doctrinale et sa primauté de juridiction ordinaire et immédiate, lui inspiraient un vrai culte, ce que le P. Faber a si bien nommé, « une dévotion ». On le vit pendant les débats du saint Concile du Vatican, où les conseils et les exemples de M. Chauvier ne contribuèrent pas peu à provoquer la magnifique manifestation que donnèrent le Clergé et les fidèles du diocèse de Marseille, à la grande consolation de Pie IX qui nous en récompensa par un bref, demeuré dans nos Annales comme un des plus beaux titres de gloire de l'Eglise de Saint-Lazare.

Dans la personne de l'Évêque, il voyait le représentant de la Papauté, et aussi le chef préposé par le Saint-Esprit pour régir une portion du troupeau. De là son humble et affectueuse déférence pour les moindres volontés de l'autorité diocésaine.

Qu'on n'imagine pas cependant que, de cette révérence et de cette soumission, résultât en lui un amoindrissement quelconque de caractère ou de dignité. Il estimait bien trop haut pour cela son sacerdoce !

afin que ces âmes, venant à moi, y puisent Jésus-Christ.

Une de ses filles lui dit un jour ingénûment :

— Mon Père, puisque vous êtes ma voie, dites-moi ce que vous faites, afin que je puisse faire comme vous ?

— Je fais, répondit-il, tout ce que faisait Jésus, ma fille. Quand Notre-Seigneur était sur la terre, il allait faisant tout le bien qui se présentait. Tantôt il redressait un boiteux, tantôt il guérissait un aveugle, puis, il consolait un pécheur, etc. Je tâche de vivre de la vie de Dieu. Dieu ne vit que du présent. Je suis à l'action que je fais, non comme si je la faisais par moi-même, mais je la fais sous l'impression du mouvement qui m'est donné. Voyez-vous, ma fille, je ne me retrouve plus... Comme nous ne connaissons le Père que par le Fils, ajouta-t-il, il faut que les âmes qui viennent à moi, connaissent Jésus par moi, ne trouvent plus que Jésus en moi.

Mais ce qui va nous découvrir encore mieux ce secret admirable, c'est une réponse que fit le saint prêtre, avec sa candeur et sa simplicité merveilleuse, à une religieuse qui lui avait écrit pour lui remettre toute son âme et qui, en échange, lui avait filialement demandé quelques communications sur la sienne.

« Il est bien juste, ma fille, que, m'ayant découvert
« votre âme, je vous laisse voir la mienne, avec
« laquelle il a plu au Saint-Esprit de vous mettre en
« rapport. En peu de mots, je vous la ferai toute
« voir. Je me suis tout dévoué à la volonté de Dieu

« que je vois en tout. Je me suis laissé lier par le
« Saint-Esprit pour la manière de l'accomplir, et je
« trouve mon bonheur, ma gloire, mon repos à faire
« de cette divine volonté mon unique nourriture, en
« union avec Jésus qui nous a si bien appris à la
« faire jusqu'à la mort de la Croix ! et cela dans la
« seule vue de glorifier son Père. Tel est l'état
« normal de mon âme, tel est son attrait qu'elle
« porte partout ! Voilà, ma fille, tout le portrait de
« ma pauvre âme. Elle serait bien riche, si elle
« suivait bien son attrait. Priez pour qu'il en soit
« ainsi, non à cause de mon intérêt auquel je ne
« pense jamais, mais pour que Dieu en soit glorifié,
« puisque nous ne pouvons le glorifier qu'en vivant
« de la vie de Jésus ! »

Une autre fois, ce parfait imitateur de la vie du
divin Maître écrivait encore :

« Mon âme n'a pas beaucoup à dire : sa vie est
« simple. Il lui suffirait qu'on pût dire ce qui est
« écrit de l'âme de Jésus : Elle est soumise à toutes
« les volontés d'en haut, c'est là son pain unique,
« sans en avoir jamais d'autre !... Quel désir a
« mon âme d'être remplie de la force de Dieu le
« Père, de la sagesse de Dieu le Fils, de l'amour
« purifiant du Saint-Esprit, afin que la vie pure de
« Dieu découle dans les âmes qui sont ses enfants.
« Il me semble que, par la miséricorde de Dieu, le
« désir de mon âme est accompli. Elle s'en réjouit
« beaucoup dans le Seigneur, à cause de la gloire

« qui en revient à Dieu et du bien qu'en retirent les
« âmes. Fasse le Ciel que, par son défaut d'attention
« vers Dieu et son infidélité à la grâce, elle ne prive
« jamais ses enfants du froment des élus que Jésus-
« Christ se plaît à leur donner par ce moyen. »

Nous pourrions multiplier les citations. Mais, en
voilà assez pour faire comprendre avec quelle
vérité il a pu un jour écrire à une âme, qui recevait
ses confidences spirituelles :

« Je crois que, par la lumière que vous avez reçue
« sur mon âme, vous avez vu l'effet d'une prière
« que je fais souvent au divin Maître : *Faites que je*
« *sois vous*, lui dit souvent mon âme, *tout vous*,
« *rien que vous*. Comme j'ai la douce confiance que
« le Saint-Esprit forme lui-même en moi cette
« prière, je ne serais pas étonné qu'elle eût reçu
« tout son effet. Je m'en réjouis en tant que Notre-
« Seigneur pourra continuer à glorifier son Père en
« nous et par nous. »

Ces deux sentiments remplissaient l'âme de M.
Chauvier, mais sans parvenir à donner à son extérieur rien de singulier ni d'extraordinaire. Il restait
comme un de ses confrères, confondu dans la foule,
d'où son humilité ne permettait pas de le tirer. Mais
la sainte contagion de cet intérieur si parfaitement
uni à Jésus, modèle du sacerdoce, s'exerçait autour
de lui, sur les prêtres qui avaient le bonheur de
vivre sous sa conduite.

VIII

Une circonstance se présenta, pour ces derniers, d'exprimer à leur vénérable directeur l'affection qu'ils lui avaient vouée. Nous laisserons parler un témoin de la fête :

« Le 28 mai 1856, M. Chauvier accomplit la 25ᵉ année de son sacerdoce, et ses enfants spirituels tinrent à donner à ses Noces d'argent tout l'éclat possible, à prouver au saint prêtre toute leur religieuse affection.

« La cérémonie commença par une prise de soutane, donnée par M. Chauvier à un de ses jeunes protégés, devenu depuis un membre distingué de notre Clergé ? Il fit cette vêture avec beaucoup de gravité, entouré d'un grand nombre d'ecclésiastiques, et prononça une touchante allocution. Après quoi commença la messe solennelle. Le pieux jubilaire était revêtu d'un ornement offert par l'affection reconnaissante. La vaste chapelle des Saints-Noms de Jésus et de Marie était étincelante de lumières, dont un jeune pénitent du bon Père avait fait les frais. A l'autel, le saint prêtre accomplissait les rites sacrés avec une dévotion et un recueillement admirables, servi par douze prêtres, de ses fils spirituels, qui s'étaient partagé les fonctions. Au chœur, présidait M. le Vicaire-Général Tempier, qui ne se possédait plus de joie. Le sermon des Vêpres fit des allusions transparentes aux vertus de M. Chauvier, malgré les recommandations instantes qu'il adressa au prédicateur avant d'accepter ce discours. Tandis que tous les assistants, émus jusqu'aux larmes, pleuraient de bonheur, lui, perdu en Dieu, s'y abîma au point qu'il fallut réciter à sa place les oraisons du Salut et entonner le *Tamtum ergo.*

« Dans la soirée, un de ses amis l'alla visiter. Il était seul, enfermé dans sa pauvre chambre d'aumônier. Ses yeux étaient gonflés de pleurs. « Oh ! « s'écria-t-il en recevant son visiteur, oh ! comme « Jésus fait bien de se cacher. Pourrions-nous supporter sa beauté, son amour ? Le cœur de l'homme est trop petit, il ne peut recevoir tout l'amour « que Jésus voudrait lui communiquer !... Ah ! « qu'il se cache !... Voyez, il a soulevé un petit « coin du rideau, et nous n'avons pu le soutenir.

« Le Prêtre ! continua-t-il, oh ! comme il doit « être saint ! » Et les larmes le suffoquaient. Il ne pouvait plus cacher le feu qui brûlait son cœur.

VII

VIE INTIME

I

M. Chauvier fut par dessus tout un homme intérieur.

Or, la vie intérieure se nourrit d'oraison. C'est pourquoi ce saint prêtre ne sortait pour ainsi dire point de l'oraison.

Une âme qui a pénétré fort avant dans la sienne lui demandait un jour à quelles heures il priait, afin de pouvoir s'unir d'intention à ses prières.

— A vrai dire, répondit-il en toute simplicité, vous n'avez pas besoin de préférer ces moments-là pour unir votre intention aux miennes, car, l'oraison, je la fais à peu près tout le jour; par exemple, je la fais bien facilement en confessant.

Il ajouta que, tout le long du jour, il sentait son

âme se fondre doucement comme de la cire devant Dieu.

Interrogé sur son occupation intérieure pendant la journée, il répondit :

— Je suis là, en Dieu, comme un petit enfant dans le sein de sa mère. Je n'ai d'autre but, d'autre mouvement, pendant toute la journée, que de faire la volonté de Dieu. Cette volonté me paraît toujours aussi aimable, même lorsque ma nature voudrait y répugner un peu, parce que l'inquiétude ne peut atteindre mon âme : elle est toujours sans crainte et sans désir.

On lui demandait quelle était son occupation d'esprit, à son réveil :

— Je me donne tout à Dieu, répondit-il, et je le prie de me rendre tout Jésus, afin que les âmes qui viendront à moi ne trouvent que lui seul en moi. Il me semble que je commettrais un crime, si les âmes ne le trouvaient pas en moi, tout entier, s'il y avait encore en moi quelque chose qui me fût propre.

II

Ce dévouement si absolu de son âme en son doux Sauveur, cette dépendance de chaque minute, cette adoration intime et sans relâche de la sainte volonté constituent, les mystiques le savent, un très haut degré d'oraison. On peut dire de celle de M. Chauvier qu'elle était un écoulement de son âme en Notre-Seigneur. Elle se fondait, suivant sa propre comparaison, en lui, et cette union était aussi savoureuse que simplifiée. Il reçut dans le principe des grâces éclatantes et c'est à son humble instance qu'elles furent suspendues à l'extérieur. Mais, à chaque minute, il s'absorbait, pour ainsi dire, en l'Etre divin, il s'écoulait en Notre-Seigneur et sentait ce divin Sauveur se répandre aussi tout en lui, d'une façon unissante, merveilleusement douce et suave.

Il avait ordinairement le sentiment de la présence réelle, quand il se trouvait devant le Saint-Sacrement, et il passait souvent des temps considérables à se répandre devant le tabernacle, à s'abîmer dans le Cœur de l'auguste Victime qui l'admettait à participer à son immolation d'amour. Chaque année, la nuit du Jeudi au Vendredi-saint, il entrait dans un renouvellement si angélique qu'on venait le regarder par esprit de dévotion et l'on en demeurait ravi.

.Nous avons déjà raconté comment il supplia l'architecte de lui ménager une communication avec la tribune de la chapelle, pour pouvoir aller à chaque instant revoir et adorer le bien-aimé de son âme. C'est là qu'il venait, plusieurs fois par jour, admirer l'abandon parfait de Jésus dans l'Eucharistie.

« Quelle dépendance ! disait-il, Jésus est là, à la disposition de chacun !... Comme il se laisse prendre !... Jamais aucun mouvement de sa part...

Voilà le vrai adorateur qui adore en esprit et en vérité ; quel modèle !...

La porte de communication avec la tribune étant vis à-vis de l'entrée de sa cellule, il en résultait bien souvent des vents coulis, très nuisibles à son affection catarrhale. Jamais on n'osa lui proposer de fermer sa chère porte :

— J'ai un bon voisin, disait-il avec un pieux enjouement, nous ne nous disputons jamais.

III

Quand on le questionnait sur sa méthode d'oraison, il répondait :

— Je ne fais rien de moi-même, mais rien du tout. Je ne puis m'occuper d'aucune fête ni d'aucun mystère. Je ne suis capable d'aucun effort pour quoi que ce soit, et, s'il m'arrive quelquefois d'en faire, l'ennui m'accable aussitôt. Je ne sais pas ce que je fais à l'oraison, je n'aperçois rien de distinct, et je ne sais pas comment j'y trouve Dieu. Je sens seulement que j'y suis bien, lorsque je ne fais point d'efforts.

A une autre question analogue, il répondit encore :

— Je ne fais rien si ce n'est de me tenir avec Notre-Seigneur et de faire quelquefois le petit clerc avec lui, c'est-à-dire que je lui réponds toujours *Amen*.

Les personnes versées dans les voies de la spiritualité apprécieront, sans que nous insistions, ce que ce degré d'oraison suppose de vie intérieure et d'abnégation. Cette abnégation héroïque de soi mérite cependant que nous y insistions.

IV

Le saint prêtre avoua plus d'une fois que tout lui était indifférent, qu'il n'éprouvait plus jamais ni peine, ni plaisir depuis longtemps, que son unique volonté était de se laisser employer par le bon plaisir de Dieu du matin au soir, sans se réserver jamais une minute à sa disposition.

Dans toutes les lettres de cet homme de Dieu qui ont passé sous nos yeux, nous avons eu continuellement la preuve de cette sainte dépendance, devenue sa vie.

C'était là, comme nous allons le dire, ce qu'il appelait sa pauvreté : et, en effet, quel dénûment spirituel de l'être humain que cette impuissance volontaire d'agir selon sa volonté propre, même dans les moindres choses ! Cette austérité, la plus terrible pour la nature, constitue, de l'aveu même de M. Chauvier, un dur martyre, et cependant avec quelle générosité ne l'avait-il pas embrassée ! Quelle mesure d'amour de Dieu, quel foyer de charité suppose cette persévérance continuelle et soutenue de fidélité à la moindre expression du mouvement divin, manifesté à peine par le sentiment intérieur sur l'impétuosité naturelle de l'activité humaine, parmi les vicissitudes de la vie, les tracas et les distractions des affaires ! Quelle vie de foi ! Il n'y a peut-être rien de plus élevé dans la vie intérieure.

— Si vous saviez comme je suis pauvre, écrivait-il un jour, il me semble que je n'ai plus d'âme, on me l'a ôtée... C'est une chose étonnante, de voir comme on en dispose... comme on s'en sert pour faire passer par elle tout ce qu'on veut, sans qu'elle paraisse m'appartenir.

Il insiste encore, dans une lettre suivante :

— Si vous saviez comme je suis pauvre, vous ne le comprenez peut-être pas bien !... Je n'ai rien... je ne suis rien... je ne puis absolument rien... Ma liberté semble m'être ôtée... mais, je ne saurais d'ailleurs qu'en faire ? Je n'échangerais pas cet esclavage pour tout au monde.

« Vous êtes donc bien pauvre, disait-il à une âme
« qui lui était grandement unie, c'est un grand bon-
« heur que d'être pauvre... surtout pauvre de soi !...
« Moi, je n'ai rien, je ne puis rien, si ce n'est de
« recevoir de moment en moment tout ce qui se

« présente, avec l'intention de faire comme Jésus a
« fait, même dans les actions les plus petites, parce
« que Jésus faisait aussi les petites choses qu'on lui
« commandait. »

Au sujet d'une lettre qu'il avait écrite et à laquelle
son correspondant ne s'attendait pas, il se laissa
aller à cette sublime confidence : « On m'a pressé
« pour vous écrire et l'on m'a mis au bout de la
« plume tout ce que je vous ai dit. En écrivant, je
« disais : Cette lettre lui fera du bien... Oh ! comme
« je suis pauvre ! Vous le voyez, je ne puis rien
« faire par moi-même. On me fait dire tout ce que
« je dis. On me fait faire tout ce que je fais. Quand
« il me faut écrire, par exemple, je sens qu'on me
« met tous les mots au bout de la plume ; ou bien,
« c'est comme si je lisais et que je répétasse sur le
« papier tout ce que je lis. Aussi, je me nourris de
« ce qu'on me donne en écrivant. Oui, les paroles
« que j'écris nourrissent mon âme, mais je ne puis
« mettre un seul mot de moi-même. Quand je com-
« mence à chercher, je m'arrête, parce que je ne
« dirais plus rien de bon. »

N'est-ce pas là, s'écrie la biographie manuscrite
que nous suivons en ce moment, le vrai pauvre
d'esprit, qui ne tient en rien à la créature et que
l'auteur de *l'Imitation* nous envoie chercher au bout
du monde ?

— Je crois, dit-il un jour ingénûment, que le bon
Dieu lui-même serait embarrassé, s'il voulait cher-

cher ce qui me contrarie. Il m'est impossible de m'attrister de ce que je sais arriver par la bonté divine. Je me suis embarqué dans cette petite chaloupe de la volonté de Dieu, et là, je le laisse faire. Mon âme est sans soucis, sans désirs, et sans crainte.

V

Cet état d'enfance spirituelle produisait en M. Chauvier, comme une [conséquence] logique, une humilité admirable.

Partout, en tout et toujours, on le vit profondément humble, caché, petit comme il aimait à s'appeler lui-même, préférant chacun à soi. Rien de plus modeste et de moins humain que ses paroles, rien de plus caché que ses œuvres. Le Seigneur opérait pourtant de grandes choses par lui, mais, il se retirait si bien en Dieu, il savait si bien s'amoindrir, qu'il ne sortait jamais de sa sublime bassesse, trop heureux d'imiter la vie anéantie de son bon Maître.

Des documents que nous avons entre les mains, il résulte comme une chose évidente à nos yeux que le ciel s'est servi plus d'une fois de son ministre pour contrarier les lois de la nature et accomplir de véritables prodiges.

L'heure n'est pas venue encore de mettre au jour

ces récits, dont le souvenir est très vivant dans les familles religieuses dont il fut le père, et consignés dans des mémoires précieusement conservés par elles. Guérisons extraordinaires et subites accomplies par sa bénédiction ou son commandement, miracle de bilocation, apparitions à distance, extases, prédictions accomplies, don de seconde vue et de pénétration dans les consciences, etc., ces choses ne sauraient trouver ici leur place : les règles que l'Eglise impose aux écrivains catholiques nous l'interdiraient, à défaut de la prudence qui défend d'exposer inconsidérément les secrets de Dieu aux regards de la foule.

Quand on en parlait devant lui et qu'on lui rappelait le souvenir des prodiges accomplis par son intermédiaire, il se mettait à rire et disait :

— Oh ! les miracles qu'on fait de son vivant ! Il n'y a que ceux qu'on fait après la mort qui comptent !

— Mais, mon père, lui disait-on un jour, n'avez-vous donc jamais aucune pensée de vaine complaisance ?

— Non, jamais, répondit-il. Le bien qui est en moi n'est pas de moi... Je le sens si bien... Aussi, quand je parle de moi, il me semble parler d'un étranger... Ce langage, je ne puis le tenir qu'aux petits. On me prendrait pour un orgueilleux... Cela m'est arrivé quelquefois qu'on l'ait cru ainsi.

« Mon âme, disait-il dans une autre circonstance, « prend toutes les formes qu'on veut lui donner ; le

« Saint-Esprit la manie comme il veut, et je n'ai
« point de vanité en vous disant cela... Je suis si
« pauvre! si rien!... » Puis, prenant un air ma-
jestueux et recueilli en même temps, il ajouta :
« Voyez-vous, il y a deux sentiments bien distincts
« en moi : un sentiment de respect, de vénération
« pour mon cœur, parce que je sais que le Saint-
« Esprit y habite, puis un sentiment de mépris pour
« moi-même... mais, un si grand mépris!... parce
« que je sais que je ne suis rien... Je le sens si
« bien ; de ma personne, je ne suis rien! Je ne puis
« rien! Mais, pour mon cœur, je sens que c'est un
« dépôt de marchandises, c'est un magasin dans
« lequel toutes les âmes qu'on m'envoie d'en haut
« peuvent puiser. Aussi, je sens que je ne donne
« rien du mien. Je n'ai rien, je ne donne que ce
« que l'on me donne... Je sens bien que je ne donne
« rien du mien. C'est ce qu'il y a en moi qui fait du
« bien aux âmes, ce qu'on a mis dans moi. Je ne
« crains pas le blâme. Je ne serais nullement ému
« si l'on me méprisait, si l'on me blâmait. On le fait
« quelquefois, cela ne me fait rien. Pourvu que
« Dieu soit content, n'en voilà-t-il pas assez?.....
« Il n'y a que son blâme qui doive nous tou-
« cher. »

Une fois à l'égard d'une affaire où il avait grandement travaillé à la gloire de Dieu, il dit à la personne qui conduisait cette affaire et avec qui il était
en rapport :

— Faites en sorte que je sois en cela comme la racine de l'arbre que personne ne voit.

Le supérieur d'un monastère de Marseille lui avait demandé un sermon d'apparat pour une circonstance solennelle.

— Peut-être, lui répondit-il, conviendrait-il qu'il y eût pour cette profession un sermon mieux composé que celui que vous donnerait le pauvre, et j'aurais le bonheur d'être caché. Vous savez combien mon âme le désire ! Elle ne consent à se montrer que quand la volonté de Dieu est manifeste.

Pendant une récréation, à la retraite pastorale, quelques prêtres, parmi lesquels M. Chauvier, s'entretenaient de leurs sentiments d'appréhension à prêcher devant leur Evêque, qui passait pour difficile, de peur de perdre leur petite réputation dans son esprit. M. Chauvier gardait le silence, comme c'était assez son habitude en pareil cas ; mais, ses confrères le pressant de dire son avis :

— Pour avoir des appréhensions, fit-il, il faudrait que j'eusse une réputation. Non, je n'aurais point de crainte. Si Monseigneur me disait de prêcher, je monterais en chaire et je parlerais avec simplicité.

Il racontait qu'il lui était arrivé de penser ce qu'il ferait, au cas où la mémoire ou la parole viendrait à lui manquer en chaire, et qu'il lui semblait qu'il en descendrait tout tranquillement.

Une autre fois qu'il dut prêcher, sans avoir eu le temps de se préparer, il dit à la Supérieure du Monastère où il allait prendre la parole :

— Le bon Dieu me donnera ce qu'il voudra, et s'il ne me donne rien, je dirai que le Saint-Esprit ne m'a rien donné, et puis, voilà tout.

— Mais, mon Père, insista la Supérieure édifiée, n'auriez-vous pas un peu de peine à cette humiliation ?

— Non, aucune.

Il prêcha cependant ce jour-là avec beaucoup de grâce et d'onction comme toujours. Après le sermon, on lui demandait en riant, s'il n'avait pas été forcé de descendre de chaire.

— Non, fit-il sur le même ton, Dieu ne m'a pas jugé digne de recevoir cette humiliation

VI

« Notre-Seigneur, qui voulait que son digne ministre imitât sa vie cachée au milieu des siens, le dérobait aux regards profanes, car, bien qu'estimé de tous et regardé comme un véritable saint, il était pourtant en butte à une véritable persécution de la part de ceux-là même qui le vénéraient. Ainsi l'avons-nous vu souffrir de la part d'une personne ecclésiastique haut placée, laquelle disait pourtant qu'elle baiserait volontiers la trace de ses pieds. Cette conduite étrange ne s'explique que par la volonté de Notre-Seigneur, qui voulait faire participer le saint prêtre à la vie obscure de Nazareth, le dérobant ainsi aux regards des grands et l'exposant à leur peu de considération. »

VII

Que si maintenant, de ces hauteurs de la vie mystique, nous descendons aux vertus communes et essentielles de la vie chrétienne, nous aurons lieu d'admirer à quel degré le saint aumônier les a pratiquées.

« La foi brillait en lui d'une manière admirable. Sa soumission de cœur et d'esprit à la Sainte Eglise lui faisait aimer tendrement tout ce qui se rapporte à ses décisions, et ce respect paraissait en lui d'une façon très marquée, nous avons déjà eu l'occasion de le noter. La Sainte Ecriture était sa lumière, sa nourriture et sa vie : il la pénétrait avec une effusion particulière du Saint-Esprit, et y découvrait les sens tout à la fois les plus profonds et les plus consolants, comme le démontre surabondamment sa volumineuse correspondance. On peut même dire

que ce fut là un des caractères les plus remarqua-
bles de la grâce dans l'enseignement spirituel qu'il
donnait à ses chères filles, quoiqu'il agit toujours
en cela d'une manière simple et si éloignée de toute
emphase qu'on voyait bien que le Saint-Esprit rem-
plissait tout son être.

« Un autre effet, qui découlait pour lui de sa foi,
c'est cette vie surnaturelle qui lui était devenue
comme son atmosphère propre. Ceux qui l'ont connu
peuvent attester qu'il agissait toujours d'une manière
très élevée au-dessus des sens et de la raison naturelle. Jamais une pensée basse, jamais un jugement
humain, jamais une vue terrestre, mais toujours
Dieu seul et rien que Dieu seul.

« Si sa foi était si parfaite, son espérance en était
une émanation continuelle. Cette vue incessante de
Dieu en toutes choses, cette pensée fixe de l'éternité
qui le faisait vivre comme déjà aux trois quarts dans
le Paradis, cette joie au-dessus de tout sentiment,
cette insensibilité pour tout ce qui était de la terre,
cet amour de la céleste Patrie porté dans cette âme
à son dernier période, tout cela, qu'était-ce autre
chose qu'un acte ininterrompu de l'espérance la plus
ferme, la plus pure, la plus délicieuse !

« Quant à sa charité, pour la décrire en détail, il
faudrait rapporter chacun des traits de sa vie. Nous
en avons déjà souvent parlé. Son amour de Dieu
était si pur et si fort qu'il consumait à chaque
minute son cœur, lequel éprouvait, même matériel-

lement, l'impression de ce feu sacré et produisait en lui un effet tel qu'une émotion suffisait pour altérer notablement sa santé. Mais, ces émotions venaient toujours de la vue des offenses dirigées contre Dieu. Tout le reste le laissait quasi insensible. Rien au monde, disait-il, ne pouvait l'affliger comme le péché et en même temps il aimait les angoisses qui oppressaient son cœur, assurant qu'il n'était jamais plus heureux qu'alors, parce que, plus l'âme est sous le poids de l'affliction, plus elle s'élève avec force vers Dieu pour s'unir à lui, à l'exemple de Jésus qui n'avait jamais été si heureux et si uni à son Père que pendant son agonie.

Nous avons déjà parlé en bien des endroits de sa charité spirituelle pour le prochain. Il n'oubliait pas nón plus les besoins temporels des autres. Bon fils, bon parent, bon ami, soutenant sa famille du peu qu'il possède, mais se souvenant toutefois que le prêtre n'a pas d'autre héritage que le Seigneur, il vit de pauvreté, et cette pauvreté se multiplie entre ses mains, parce que Dieu la bénit et la lui rend fructueuse. Loin de rougir de la pauvreté des siens, tantôt il sollicite un travail pour ses parents, se portant caution, tantôt il demande des secours pour un autre, et tout cela avec une délicatesse ravissante.

Les religieuses infirmières des divers communautés qui l'eurent pour Père, se souviennent avec attendrissement de la joie toute surnaturelle que le charitable aumônier laissait toujours après lui dans ses visites aux malades. Ce fut même là son attrait, et on le rencontrait souvent dans les rues de la ville portant ses consolations aux infirmes et aux mourants. Il appelait cela « aller aider à porter sa croix. »

« Non content de ce dévoûment et de ces fatigues sans trêve, M. Chauvier était encore d'une austérité extraordinaire pour lui-même, sans qu'il y parût rien d'affecté. Fallait-il bien cependant qu'il eût porté loin sa pénitence, pour qu'il lui échappât de dire un jour que son corps serait bien en droit de se plaindre de lui. Nous savons qu'il jeûnait l'Avent tout entier, le Vendredi de chaque semaine et plusieurs autres jours, selon la Règle du Tiers-Ordre de saint François de Paule qu'il observait rigoureusement.

« Dans les premiers temps qu'il fut attaché à la Communauté des Religieuses des Saints-Noms de Jésus et de Marie, les bonnes sœurs qui le servaient crurent le bien traiter, en lui donnant tous les jours des œufs frais, sans savoir qu'il avait pour cet aliment une extrême répugnance. Il n'en témoigna jamais rien et en mangea au contraire si constamment que ses charitables pourvoyeuses s'applaudissaient de leur attention. Longues années après, il racontait cela en riant, et ajouta que le bon Dieu avait bien voulu bénir cette petite mortification, en lui donnant du goût pour les œufs frais.

« Son désir de souffrir était très ardent. Il sortait de maladie, lorsqu'on lui dit que sans doute il avait été heureux de ses souffrances. Aussitôt, il lui échappa de dire avec effusion : « Oh ! pour cela, oui ! Ces douleurs n'ont fini que trop tôt leur mission. Je ne demande pas de souffrir, mais, quand Jésus m'en fait la grâce, j'en suis bien content ! » Cependant, c'était son humilité seule qui lui faisait dire qu'il ne demandait pas la souffrance, car toutes ses lettres comme toutes ses paroles respiraient l'amour le plus ardent pour la croix et le désir le plus pur d'y être attaché.

« Un lundi saint, il écrivait : « Hier, en lisant la
« Passion au saint autel, mon âme était tout en joie.
« Quelle en était la source ? L'espérance qu'il pour-
« rait se faire qu'un jour quelques gouttes de ce
« grand calice que le Père Céleste présente à son
« divin Fils me fussent offertes. J'ai expérimenté ce
« que disent les saints que souffrir avec Jésus est
« un vrai Paradis. Je comprends que ce bonheur
« serait tellement grand, qu'il y aurait de la pré-
« somption à y prétendre. Qu'il en soit comme on
« voudra ! Faire la volonté de notre Père du Ciel
« est tout notre bonheur : nous n'en voulons point
« d'autre. »

VII

Que si, maintenant, nous voulions entrer dans le détail des dévotions particulières à ce saint prêtre, nous craindrions d'être infini. Bornons-nous à quelques traits.

« Monsieur Chauvier portait une tendre dévotion à Marie, et il l'inspirait grandement aux âmes qu'il dirigeait, surtout aux jeunes élèves de la maison religieuse dont il était l'aumônier. Il vénérait singulièrement les mystères de sa très pure et immaculée Conception et de sa maternité divine. Il était intarissable sur le *fiat* de Marie, qu'il avait pris comme devise et avec lequel il obtint des actes surprenants d'obéissance de la part des âmes qu'il dirigeait.

Chaque année, le premier jour du mois de Marie, il appliquait sa messe aux intentions de la Très-Sainte Vierge, à laquelle il confiait filialement les intérêts spirituels de son petit troupeau.

VIII

On lui demandait un jour comment il fallait entendre la messe :

« A l'offrande, dit-il, mettez votre cœur sur la
patène et offrez-vous au bon Dieu en union avec le
prêtre, quel qu'il soit. — A la consécration, unis-
sez-vous aux anges qui adorent Jésus, ils sont nombreux ! *Ah ! si je les* VOYAIS TOUS , je ne voudrais
plus dire la messe ! — A la communion, unissez-
vous à Marie, comme votre Père. Je m'unis à son
cœur, lorsqu'elle portait Jésus dans son sein, lorsqu'elle le tenait dans ses bras après la nativité, lorsqu'elle le reçut pour sa première communion, quand
elle le soutenait sur ses genoux après la Passion,
et lorsque Jésus lui apparut après sa résurrection.
Je me trouve bien de cette pratique, essayez-en. »

IX

« Saint Joseph, modèle du Prêtre et Patron de
cette vie humble et cachée qui était l'attrait prononcé
de M. Chauvier, lui fut toujours bien cher. Ayant,

pendant plusieurs années, écrit au jour de sa fête à une âme qui portait le nom de ce grand saint, il révélait, dans ces lettres, tout son amour pour ce Protecteur des âmes pauvres et inconnues.

X

« Son Ange ne lui était pas moins cher. Il aimait à raconter, avec son incomparable simplicité, aux amis avec lesquels il ne craignait pas de s'ouvrir, les marques singulières de protection que lui donnait cet Esprit Céleste, avouant qu'il sentait parfois la présence de ce charitable et fidèle gardien.

« Nous avons dit sa dévotion à l'Ange de son ministère et aux Anges des personnes qu'il dirigeait. Terminons donc en rappelant que cette dévotion s'étendait à tout objet de piété, qu'il baisait toujours quand on le lui présentait. Cérémonies de l'Église, pratiques pieuses, etc., tout cela rencontrait sûrement en lui la confiance, le respect et l'amour.

VIII

CHANOINE

SOMMAIRE. — M. Chauvier est nommé chanoine. — Comment l'opinion publique accueille cette nomination. — Si le Canonicat changea quelque chose à sa manière d'être. — Sainte tristesse. — Le pauvre de Jésus-Christ.

I

Le dimanche, 14 mars 1869, on lisait dans la *Semaine Liturgique de Marseille :*

« Aujourd'hui, aura lieu, à la Cathédrale, l'instal-
« lation canonique de M. l'abbé Chauvier en rem-
« placement du vénéré M. Giraud Saint-Rome,
« décédé. Nous blesserions certainement la modestie
« du nouvel élu, si nous écrivions ici ce que tous
« disent du choix fait en sa personne par Mgr l'Evêque.
« Mais, nos lecteurs ecclésiastiques et les fidèles ne
« nous pardonneraient pas, de passer complètement
« sous silence le joyeux accueil que cette nomination
« a rencontré partout, et la satisfaction avec laquelle
« on a vu ainsi distinguer des mérites d'autant plus
« grands qu'ils cherchent à demeurer plus cachés. »

Un ordre formel de Mgr Place avait tiré l'humble prêtre de son obscurité pour lui conférer la dignité canonicale. Mais, le modeste Chanoine demeura toujours aussi *petit*, ainsi qu'il aimait à le dire, toujours semblable à lui-même. Les bonnes Sœurs voulaient, à cette occasion, réparer et agrandir son modeste appartement.

Il s'y refusa absolument, heureux de demeurer leur aumônier et leur père, malgré son canonicat.

« Vous avez appris, écrivait-il après sa nomination,
« que je vais devenir membre du Chapitre. C'est la
« volonté formelle de Mᵍʳ l'Evêque et de son conseil.
« Un refus dans cette circonstance m'eût paru une
« opposition aux desseins de la Providence et j'ai
« cru entrer dans les vues de Dieu, en disant *Amen*.
« Mon cœur et les dispositions de mon âme vous
« sont assez connus pour être assuré que cette
« marque de bienveillance de mes supérieurs semble
« ne pas m'atteindre. Je ne vois en cela qu'une
« volonté de notre Père du Ciel. En m'y conformant,
« j'ai grandement à cœur sa gloire. Priez et faites
« prier qu'il en soit ainsi, et que je sois toujours
« moi-même son petit serviteur, ne vivant que pour
« son bon plaisir. S'il devait en être autrement,
« qu'il me place bien vite auprès de lui. »

II

L'élévation de ce saint prêtre ne servit en effet qu'à accroitre sa dépendance du bon plaisir divin. Impossible de rendre sa vie d'abnégation. Son assiduité aux heures canoniales vint s'adjoindre aux occupations multipliées dont il était déjà chargé : soins à donner aux diverses maisons de la Congrégation des Saints-Noms de Jésus et de Marie, direction d'un nombre toujours croissant d'ecclésiastiques, confession des Quatre-Temps dans une foule de communautés, etc.

Il n'eut bientôt littéralement plus une minute à lui. Avait-il à répondre par écrit aux nombreuses demandes qui lui arrivaient de toute part, il prenait sur son sommeil le temps nécessaire à cette correspondance, devenue une fatigue extrême pour son âge avancé.

Dès lors il dut renoncer aux petits voyages de dévotion qui avaient été jusque là son unique distraction dans le courant de l'année. C'est ainsi qu'il était allé une fois visiter les deux abbayes de Bénédictins et de Bénédictines de Solesmes, où Dom Guéranger se complut à entretenir le saint prêtre. dont il découvrit avec admiration la haute spiritualité, lui recommandant les intérêts du Prieuré de son Ordre alors naissant à Marseille, aujourd'hui l'abbaye florissante de Sainte-Marie-Madeleine. A diverses reprises aussi, il était allé prier et se recueillir sur la sainte montagne de la Salette pour laquelle il eut toujours une dévotion spéciale. Bientôt même, il lui fallut renoncer aussi à la visite des maisons de sa chère Congrégation, répandues dans la Provence.

Dieu le voulait de plus en plus lié et enchaîné à Marseille.

— Rien ne me peine, rien ne me contrarie, disait-il à ceux qui l'en plaignaient. On s'excuse quelquefois de me déranger, mais rien ne me dérange... Je vois en tout la volonté du Maître, et je la suis. Oui, tout m'est indifférent.

Ses collègues du Chapitre l'entouraient de leur vénération. Plusieurs même s'adressaient à lui pour la confession et c'était un beau spectacle, après les offices, de voir ces vénérables vieillards attendre humblement leur tour à la porte de la salle capitulaire où M. Chauvier confessait.

III

On vit alors se développer dans son être, même extérieur, une disposition qui lui était depuis long-temps familière, que nous devons signaler avec soin.

Un jour, le voyant abattu, quelqu'un lui dit :

— Mon Père, vous n'avez pas la joie, n'est-ce pas?

Il répondit qu'en effet il s'en fallait bien, que son âme était profondément triste en voyant Notre-Seigneur si peu connu, si offensé.

— Personne ne veut de Jésus, ajouta-t-il, parce qu'il est pauvre... parce qu'on ne peut s'unir à lui, sans s'unir aussi à sa croix.

Il dit aussi que cette tristesse n'était pas dans son esprit, qu'elle était dans son cœur, qu'il aurait voulu la voir s'accroître toujours davantage, qu'il ne cher-chait pourtant pas à s'y exciter de lui-même, qu'il la recevait telle qu'on la lui donnait.

Cette tristesse lui était habituelle depuis un grand nombre d'années, et cependant, c'était de ce cœur si angoissé que découlaient la plus douce consolation et la joie même du ciel sur tous ceux qui l'appro-chaient ! Cette douleur, qui serait celle du Paradis, si la tristesse pouvait y avoir entrée, s'accrut avec le temps dans l'âme du saint prêtre, et, au moment de sa vie où nous sommes arrivés, elle ne le quitta plus, quoique son naturel fût plutôt enclin à une douce gaîté.

On lui demandait un jour si son âme était toujours triste de la tristesse de Jésus.

— « Le monde se réjouira et vous serez dans la tristesse, » répondit-il. Jésus a fait cette prophétie, elle s'est accomplie dans les apôtres, à qui elle fut faite, mais elle s'accomplira encore dans tous les temps, dans toutes les âmes animées de l'esprit de Jésus : or, puisque vous croyez que cet Esprit est l'âme de mon âme, il vous sera facile de comprendre qu'elle est toujours saintement triste. Mais, elle préfère cette tristesse à toutes les délices de la terre, aux délices même du Paradis, s'il était possible qu'on les goûtât contre le bon plaisir de Dieu. Il me semble que cet état n'a plus rien d'amer pour moi, ni plus rien de difficile, si mon âme y est placée, si elle continue d'y être par une disposition de la Providence. Aussi, je comprends bien ce que disait saint Augustin, que l'amour et la souffrance ne vont jamais ensemble dans un même cœur : un cœur qui aime aimant la souffrance, et une souffrance qu'on aime n'étant plus une souffrance.

IV

Son amour spécial pour la pauvreté avait porté M. Chauvier à refuser tout honoraire pour ses fonctions d'aumônier. La communauté, à laquelle il était attaché, pourvoyant à sa nourriture et à son entretien, il ne voulait rien de plus, heureux de pouvoir bien pratiquer à la lettre le commandement de l'Apôtre aux ministres du Seigneur.

Il recevait d'ailleurs avec une complète indifférence tout ce qui était pour sa nourriture ou pour son usage. Comme un vrai pauvre, il ne se plaignait jamais de rien, et tout ce qui lui rappelait la sainte pauvreté lui était cher. Aussi aimait-il à parler de ses premières années où il avait vécu dans l'indigence, et de ses parents pauvres. Ce mot « pauvre » était dans sa bouche une expression délicieuse, comme celle qu'il mettait à prononcer le saint nom de « *Jésus* » ou à souhaiter « *la paix.* »

Une fois chanoine, comme il aimait grandement les pauvres, il put les soulager plus abondamment. Il leur parlait volontiers et avec un air tout gracieux, tout charitable, même aux mendiants des rues ou de la porte des églises qui tous le connaissaient bien. Il s'enquérait avec plaisir de leurs petites nouvelles et les laissait toujours réjouis et reconnaissants de sa grande affabilité.

IX

LES DERNIERS TEMPS

I

« Les Noces d'or de M. le chanoine Chauvier ont
« été célébrées, samedi dernier, à la chapelle des
« Saints-Noms de Jésus et de Marie (rue du Coq),
« dont le vénérable jubilaire est le directeur depuis
« bientôt aussi un demi-siècle. L'église, élégamment
« décorée par les soins pieux des religieuses qui
« vénèrent leur saint Guide, présentait, sur de vastes
« cartouches, les dates et les souvenirs de la vie
« sacerdotale du héros de cette fête. Le chapitre
« tout entier assistait à la Messe, que M. Chauvier
« a célébrée avec une pieuse émotion, partagée des
« prêtres, des religieuses et des fidèles, qui rem-
« plissaient le sanctuaire, les chœurs et la chapelle.
« Cette émotion de joie et d'édification a pu se
« traduire librement, à l'issue des agapes qui ont

« réuni les invités autour du prêtre vénéré, qui
« venait d'accomplir son cinquantenaire sacerdotal.
« Au nom de Mgr l'Evêque, M. le Vicaire-Général
« Daspres, supérieur de la Communauté, et, au nom
« du Chapitre, M. le prévôt Blancard, ont félicité le
« digne chanoine avec autorité et effusion. Puis, se
« livrant à une charmante improvisation, M. le
« chanoine Vidal, curé de la paroisse, a parlé au
« nom des nombreux ecclésiastiques qui s'honorent
« du titre de fils spirituels de M. Chauvier. Le soir,
« à l'issue des vêpres, M. l'abbé Batiste a lu un
« discours de circonstance, qui a dignement clôturé
« cette pieuse série de manifestations respectueuses
« et cordiales à l'égard d'un Vétéran du sacerdoce
« marseillais, que tout le diocèse estime et vénère à
« si bon droit (1). »

Ce fut là, croyons-nous, la dernière fête où parut
notre vénéré Père. Dieu permit que, la dernière fois
où il apparut au saint autel, parmi les pompes de la
liturgie qu'il aimait tant, ce fut pour le montrer
à l'Eglise de Marseille, entouré de l'auréole de
vénération que ses vertus avaient attirée au saint
vieillard.

____

(1) *Semaine Liturgique,* du 5 juin 1881.

II

A partir de ce jour, l'affection catarrhale, dont il était atteint depuis longtemps, venant en aide à la maladie de cœur que nous avons déjà notée, le détachait peu à peu de la terre et accoutumait les siens à ne plus le voir au milieu d'eux.

A mesure que cette séquestration devenait plus étroite, l'union de son âme avec Notre-Seigneur devenait plus tendre encore et plus abondante. Un matin qu'il avait passé la nuit à tousser presque sans relâche, ne voulant rien prendre pour ne point enfreindre le jeûne eucharistique, après avoir célébré au prix de mille fatigues, il écrivit à une de ses plus chères filles :

« Depuis quelques jours, notre Père céleste m'a
« envoyé un rhume, et il paraît qu'il remplira bien
« sa mission... Jusqu'à quand serai-je prisonnier ?
« Je n'en sais rien et je ne veux rien en savoir. Tels
« sont mes accords avec le divin Conducteur, qu'il
« fera toujours en tout ce qui lui plaira, sans que
« j'aie jamais la hardiesse de lui demander la raison
« de sa divine conduite. Que je la comprenne ou non,
« elle est toujours infiniment sage, toujours miséri-
« cordieuse. Mon âme dira toujours : *Amen, Fiat !* Ce

« pain que je voudrais voir servir à la table de toutes
« âmes, je veux en faire ma nourriture jusqu'à la
« mort. Il n'est pas toujours apprêté de la même
« manière, mais sa nature ne change pas pour cela,
« et sa vertu est toujours la même.

    « Qu'il soit donc notre pain quotidien. Mangeons-
« le en union avec Jésus, qui s'en est nourri tous les
« jours de sa vie mortelle... Qu'il en soit en tout
« et toujours comme il plaira à notre Père du Ciel.
« Sa divine volonté me paraît si aimable, qu'il n'y
« a rien, ni au ciel, ni sur la terre, que mon âme pût
« lui préférer. Son accomplissement fait tout mon
« bonheur et mon unique joie... »

III

    Il céda cependant aux instances de sa famille spi-
rituelle, et se décida à aller demander au climat
d'Hyères un peu de répit à ses souffrances, deve-
nues déchirantes pour qui assistait à cette lente
agonie. Son cœur paternel souffrit plus de l'absence
qu'il n'eût souffert de la maladie. Une pensée l'aida
à supporter son exil, soulagé cependant par l'assistance d'un dévoûment respectueux : c'est que, en
rentrant à Marseille, il rapporterait sans doute assez
de force pour ne plus être contraint au sacrifice

dont il est question dans les premiers passages de la lettre suivante :

« *Ma nourriture est de faire la volonté de Celui*
« *qui m'a envoyé.* — S'il fut un temps où votre
« âme a dû répéter ces paroles du divin Modèle,
« c'est bien aujourd'hui qu'elle doit le faire. Dans
« ces paroles bien comprises, bien savourées, votre
« cœur trouvera la vie, la force dont il a besoin dans
« la conjecture présente. Ces paroles font toute ma
« nourriture, et je puis vous dire que la volonté du
« ciel ne m'a jamais paru plus douce que dans le
« moment présent. Mon âme a de bien grands sacri-
« fices à faire, celui de ne plus manger le Pain
« Eucharistique, de ne pas monter au saint Autel,
« surtout à l'époque où nous sommes (1). Il n'en
« est point pour moi de plus grand sur la terre.
« Cependant, je dois vous le dire, la volonté de Dieu
« lui tient de tout, elle la préfère à tout ; et, comme
« le divin Maître, elle est toujours dans la disposi-
« tion de tout sacrifier à cette volonté divine, même
« la vie...

A quelques jours de là, il ajoutait: « Vous êtes
« bien entrée dans mon âme, dans les souhaits que
« vous lui faites pour la nouvelle année que le
« Seigneur nous donne dans sa miséricorde. Il me
« semble entendre le Saint-Esprit me dire à l'oreille
« du cœur : *Mon Fils, conserve le temps.* Le moyen

(1) On était alors à la Noël.

« pour le conserver, ce temps qui vaut autant que
« Dieu, c'est de vivre de la vie de Jésus qui a si bien
« fourni sa carrière qu'à la fin il put dire : *Consum-*
« *matum est* ! Je comprends qu'une si précieuse
« mort doit être précédée d'une fidélité constante, et
« qu'il faut pouvoir dire tous les jours, et cela du
« matin au soir : *Ma nourriture est de faire la vo-*
« *lonté de mon Père du Ciel.* Par la miséricorde de
« notre Mère divine, le Saint-Esprit, cette disposition
« est dans mon âme. J'ai la douce confiance qu'elle
« sera ma disposition habituelle, jusqu'au moment
« où l'on viendra me dire : *Egredere de hoc mundo,*
« et alors, elle pourra dire : *Consummatum est !* et,
« inclinant la tête avec son Jésus, elle rendra le
« dernier soupir. Mon âme, comme vous le savez,
« ne redoute pas l'arrivée de ce moment, mais aussi
« elle ne le désire pas. Ce qu'elle veut, c'est d'être
« toute à son Dieu, en union avec Jésus, son unique
« modèle, soit qu'elle demeure encore sur cette
« terre, soit qu'elle en soit retirée. »

IV

C'est à cette époque que Mᵍʳ Robert lui obtint
de Rome l'autorisation de célébrer dans ses
appartements. Il baisa avec une tendre et filiale

effusion le Bref Pontifical qui lui conférait cette faveur, la plus grande à ses yeux dont il put être honoré. Tous les matins, à cinq heures, il se levait péniblement et avec des peines infinies, il montait à l'autel, s'unissait à la divine Victime, et, sa messe dite, se recouchait pour expier, par un redoublement de quintes déchirantes, les saintes imprudences de son amour.

Un jour, peu de mois avant sa mort, il était allé en se traînant difficilement chez les religieuses Minimes confesser aux Quatre-Temps de Septembre. « J'avais promis au bon Dieu de venir vous voir, leur dit-il, dès que j'aurais un peu de forces, vous voyez que j'ai été fidèle ! » On parla des fatigues de son lever matinal et de sa messe quotidienne. Il sourit: « Ah! mes filles, répondit-il, si l'on savait ce que c'est qu'une Messe, une Messe !

En les quittant, il annonça qu'il ne viendrait pas aux Quatre-Temps de Noël. Lorsque ces Quatre-Temps arrivèrent, il était déjà parti pour le ciel.

Il y avait longtemps déjà qu'il avait écrit :

« Je ne désire ni de vivre ni de mourir. Mon âme
« y est absolument indifférente. Si Dieu me donnait
« le choix entre mourir présentement et aller au
« ciel, ou vivre encore sans aucune assurance de
« mon salut, je lui dirais : Choisissez vous-même,
« je ne puis me résoudre à faire cet acte de volonté
« propre. »

Et, dans une autre circonstance, il ajoutait, cette expression d'abnégation héroïque, comme on ne la retrouve que chez les plus grands saints.

« Dussé-je aller directement au ciel, je ne vou-
« drais pas quitter cette vallée de larmes, une se-
« conde avant le temps marqué par notre Père du
« Ciel... Je ne désire pas même les sacrements au
« moment de ma mort, car je ne pense jamais à moi..
« Je croirais faire injure au Saint-Esprit, si je jetais
« un seul regard sur mon intérêt propre. »

Il avait eu d'ailleurs le pressentiment, ou plutôt, croyons-nous, il avait reçu d'en haut l'assurance que sa vie serait longue. Nous trouvons en effet dans plusieurs des lettres de sa jeunesse sacerdotale cette ferme assurance.

— Je pense, disait-il à une de ses filles spirituelles, que je vivrai longtemps, parce que je ne me sens pas de désir de mourir... Il est vrai que je sens bien au fond de mon âme un grand besoin d'être avec Notre-Seigneur, mais je ne désire ni terme ni fin.

Celle-ci insistait, et comme, dans une autre circonstance, le Père avait répété :

— Je ne pense pas mourir jeune.

Elle reprit, voulant savoir le fond de son âme:

— Mais, mon Père, vous ne désirez donc pas voir Jésus?

— Au fond, répondit-il avec la franchise toute simple qui lui était naturelle, au fond, j'aimerais bien le voir. Mais, nous sommes dans le Paradis déjà, puisque nous faisons la volonté de Dieu. Puis, il me semble que j'aiderai aussi quelques âmes de plus. D'ailleurs, on souffre avec Jésus dans cette vie et c'est précisément le vrai bien. Cette conviction qu'il parcourrait une longue carrière datait de loin : déjà, au Petit Séminaire, sous la conduite du saint abbé Allemand qu'il eut le bonheur d'y connaître et d'y voir de très près, il avait eu cette lumière sur son avenir en ce monde.

Aussi, s'était-on accoutumé, parmi les âmes qui le vénéraient comme leur guide, à espérer comme les premiers chrétiens de l'apôtre Jean, qu'il était comme immortel, et volontiers, le voyant partir, ces âmes étonnées auraient dit comme le poète qui a écrit de si beaux vers sur sa tombe :

> Ne m'aviez-vous pas dit qu'à mon heure dernière
> Vous seriez là pour me fermer les yeux !
> Père !

. . . .

VI

Mais, l'heure trompant les vœux de cette heureuse famille, l'heure de la fin approchait.

Fidèle à sa vie entière, le saint vieillard ne changeait rien à ses habitudes, récitant toujours au

prix d'efforts inouïs le Bréviaire, le chapelet auquel
il apporta toujours la même attention qu'à l'office
divin, célébrant jusqu'à l'extrémité l'adorable sacrifice.

Une de ses joies de mourant fut, ainsi qu'il l'avouait
à un de ses intimes, de n'avoir pas à finir par une de
ces maladies qui demandent des soins qui eussent
répugné à son extrême sensibilité sous le rapport de
la pudeur. Dieu lui épargnait cette humiliation qui
l'eût immolé et ce sacrifice d'accepter le secours
d'autrui pour les faiblesses et les infirmités de la
nature. Au jour de sa première messe, il avait reçu,
comme autrefois saint Thomas d'Aquin, un don
spécial de pureté qui rayonnait autour de lui, et, peu
avant sa mort, ayant entendu parler d'un Jésuite, le
Père Roy, qui venait de mourir après avoir revêtu
sa soutane pour vaquer aux occupations de la
matinée, il exprima le vœu de finir ainsi, ne voulant
pas que, même après le départ de son âme, son
corps eût besoin du ministère d'autrui pour être
vêtu. Il le tenta peu d'heures avant sa bienheureuse
fin, mais n'y put parvenir.

Elle arriva le 22 novembre, au lendemain de la
Présentation de Marie au Temple de Jérusalem, en
la fête de la virginale martyre Cécile. Dès le matin,
le bruit de l'aggravation du mal s'étant répandu,
ses collègues du Chapitre furent convoqués pour
11 heures. Mais, le mourant comprit que ce serait
trop tard, et, voyant entrer dans sa pauvre cellule

M. le Vicaire-Général Blancard, accouru pour lui porter une nouvelle bénédiction de son Evêque, qui était venu le voir la veille, il le regarda avec une douceur infinie :

— Faites vite, Monsieur le Prévôt, vite, donnez-moi Jésus !

Sa poitrine râlait et l'oppression allait croissant, cette oppression déchirante dont il avait eu le courage ces jours passés de plaisanter agréablement :
— Ma poitrine chante, entèndez: mais le cœur aussi ! Il chante le *Fiat!*

On se hâta, car la mort arrivait.

Avant donc que les Chanoines fussent là, on lui administra les derniers sacrements et la divine Eucharistie.

Dès qu'il eut communié, il se recueillit profondément, dans une adoration visible. Nous l'admirions, abîmé dans son action de grâces, quand, tout à coup, le bruit de sa respiration stridente cessa. Il était allé continuer l'action de grâces au Ciel !

Ce que furent les obsèques présidées par les Vicaires-Généraux, les funérailles de deuil conduit par son bien-aimé fils M. l'abbé Batiste, le concours du peuple empressé à vénérer cette dépouille sainte, les larmes de ses filles, les regrets de ses confrères, c'est ce que nous n'essayerons pas de dire. Ces souvenirs sont encore vivants à Marseille. Ils n'y sauraient périr !

TABLE DES MATIÈRES

I

NAISSANCE - ÉDUCATION - SEMINAIRES

II

ORDINATION - PREMIERS POSTES

III

AUMONIER DES RELIGIEUSES DES SS. NOMS DE JÉSUS ET DE MARIE

IV

LE DÉMON ~ L'ÉPREUVE

V

LE SAINT DIRECTEUR

VI

PRÊTRE SÉCULIER

VII

VIE INTIME

VIII

CHANOINE

IX

LES DERNIERS TEMPS

IMPRIMERIE MOULLOT FILS AINÉ, MARSEILLE